질나발과
젓대의 이중주,

영천 훈수 정만양 종가

기획 경상북도 · 경북대학교 영남문화연구원 | **지은이** 우인수

경북의 종가문화 연구진

연구책임자	정우락(경북대 국어국문학과)
공동연구원	황위주(경북대 한문학과) 조재모(경북대 건축학부)
종가선정위원장	황위주(경북대 한문학과)
종가선정위원	이수환(영남대 역사학과) 홍원식(계명대 철학윤리학과) 정명섭(경북대 건축학부) 배영동(안동대 민속학과) 이세동(경북대 중어중문학과)
종가연구팀	김위경(영남문화연구원 연구원) 최은주(영남문화연구원 연구원) 전설련(영남문화연구원 연구원) 김소연(영남문화연구원 연구보조원) 이나영(영남문화연구원 연구보조원)

축 · 간 · 사

경상북도에서 『**경북의 종가문화**』 **시리즈** 발간사업을 시작한 지 벌써 12년째가 되었습니다. 본 사업은 더 늦기 전에 지역의 종가문화를 기록으로 남겨 후세에 전해야 한다는 절박함에서 비롯되었고, 그간 많은 분들의 노고에 힘입어 어느새 64권의 책자가 발간되는 데 이르렀습니다. 이러한 결실은 우리 지역의 문화자산으로 자리 잡아 가고 있어, 300만 도민의 한 사람으로서 무척 보람되게 생각합니다.

경북은 예로부터 수많은 명현거유名賢巨儒가 배출되었고, 그분들이 이룩한 전통문화가 집적되어 온 중심입니다. 특히 이러한 전통문화의 중심에는 바로 경북의 종가宗家가 있습니다. 종가는 수백 년에 걸쳐 지역 사회의 구심점이자 전통문화의 상징으로 자리 잡아 그 역할을 묵묵히 수행해 왔습니다. 우리 도는 많은 수의 종가가 고유의 문화를 오늘날까지 지켜 오고 있기에, 우리나라 종가문화의 보고寶庫라고 해도 과언이 아닙니다.

하지만 최근 급변하는 사회와 종손·종부의 고령화 등으로 인해 종가문화는 점차 훼손·소멸되고 있는 실정입니다. 이에 경상북도에서는 종가문화를 보존·활용하는 한편, 발전적으로 계승하기 위해 2009년부터 **'종가문화 명품화 사업'**을 추진해 오고 있습니다. 체계적인 학술조사 및 연구를 통해 관련 인프라를 구축하고, 명품 브랜드화하는 등 향후 발전 가능성을 모색하기 위해 다방면으로 노력하고 있습니다.

경북대학교 영남문화연구원을 통해 2010년부터 추진하고 있는 『경북의 종가문화』 시리즈 발간도 이러한 사업의 일환입니다. 도내 종가를 대상으로 현재까지 『경북의 종가문화』 시리즈 64권을 발간하게 되었으며, 결과물은 관계 문중은 물론 일반인들로부터도 큰 호응을 얻고 있습니다. 이들 시리즈는 종가의 입지 조건과 형성 과정, 역사, 종가의 의례 및 생활문화, 건축문화, 종손과 종부의 일상과 가풍의 전승 등을 토대로 하여 일반인들이 쉽고 재미있게 읽을 수 있는 교양서 형태의 책자 및 영상물(DVD)로 제작되었습니다. 철저한 현장조사를 바탕으로 하여 관련 분야 전문가들이 집필함으로써 내용을 알차게 꾸미는 한편, 개별 종가의 특징을 부각시키고자 노력하였습니다.

이러한 노력으로, 금년에는 **『고령 죽연 박윤 종가』**, **『영천 훈수 정만양 종가』**, **『대구 백불암 최흥원 종가』** 등 3곳의 종가를 대상으로 시리즈 3권을 발간하게 되었습니다. 이 시리즈의 발간은 계속되어 도내 100개 종가를 목표로 연차적으로 추진해 나갈 계획입니다. 이러한 시도는 종가 관련 자료의 축적을 통해 종가문화 보존 및 활용을 위한 기초자료를 제공함은 물론, 일반인들에게 우리 전통문화의 소중함과 우수성을 알리는 데 크게 도움이 될 것입니다.

최근 유교적 가치와 문화에 대한 재조명이 활발히 이루어지고 있습니다. 그 바탕에는 오늘날까지 전통문화를 올곧이 지켜 온 종문의 숨은 저력이 있었음을 기억하며, 우리 도에 내재한 전통문화를 계승해 나가야 할 것입니다. 이를 통해 경북의 정체성 확립은 물론, 미래지향적인 새로운 정신을 찾아 세계적 정신문화로의 발전으로까지 이어질 수 있을 것이라 확신합니다.

앞으로 경상북도에서는 현재 잊혀 가는 종가문화에 대한 국가 차원의 컨트롤 타워 건립 유치를 위해 힘쓸 것입니다. 아울러 종가문화에 대한 지속적인 조사·연구 추진과 더불어, 종가의 보존·관리 및 활용방안을 모색하는 데 적극 노력해 나갈 것을 약속드립니다. 이를 통해 전통문화를 소중히 지켜 오신 종손·종부님들의 자긍심을 고취시키고, 나아가 전국의 종가를 연계하는 종가문화 네트워크 구축과 더불어 종가문화를 세계적인 명품브랜드로 육성해 나갈 계획입니다.

끝으로 이 사업을 위해 애쓰신 이영호 경북대학교 영남문화연구원장님과 연구책임자이신 정우락 교수님을 비롯한 여러 연구원분들, 그리고 집필자분들의 노고에 진심으로 감사드립니다. 아울러, 각별한 관심을 갖고 적극적으로 협조해 주신 종손·종부님께도 감사의 말씀을 드립니다.

2021년 3월

경상북도지사 이 철 우

지·은·이·의 말

초복이 막 지난 7월 중순 어느 날 종택을 방문하였다. 단정한 맵시의 새로 지은 2층 양옥이었다. 대문도 담장도 없는 마당은 탁 트여 있었다. 앞마당에 활짝 핀 노란 호박꽃이 눈에 확 들어왔다. 마치 우리 일행을 반기는 듯하였다.

정만양은 조선 후기 경상도 영천을 대표하는 유학자였다. 그는 영천의 임란 의병장 호수 정세아의 5대손으로 중년에 보현산 아래 횡계리에 집을 짓고 산수를 즐기면서 학문에 정진하고 제자를 가르치며 평생을 보내었다. 퇴계학파의 정맥을 이은 갈암 이현일을 스승으로 모셨다. 갈암이 세상을 떠난 이후 밀암 이재와 함께 영남학파를 대표하는 존재로 우뚝 서게 되었다. 영남의 북쪽에는 이재가 있고, 영남의 남쪽에는 정만양이 있다는 말이 운위되었다. 공교롭게도 두 사람은 같은 해 세상을 떠났다.

정만양의 일생과 학문을 논하면서 동생 정규양을 빼놓을 수 없다. 형제는 3살 터울로서 형제간의 우애가 깊었음은 물론이고 학문적 능력도 비슷하게 출중하였으며, 평생을 함께 살았다. 형의 호는 훈수塤叟이고 동생의 호는 지수篪叟였다. 훈塤과 지篪는 중국 고대 악기이다. 훈은 진흙으로 만든 나발이고, 지는 대로 만든 피리인데, 『시경』에 형제의 우애를 상징하는 악기로 등장한다. 형제의 우애를 나타내는 훈지상화塤篪相和, 훈지아주塤篪雅奏 등의 표현이 여기에서 비롯되었다. 두 형제의 문집은 형제의 호에서 한 자씩 따서 『훈지집』이라 명명되었다.

『훈지집』은 사실 그리 널리 알려진 문집이 아니다. 근래 한국문집총간과 같은 거질의 문집 집대성이 이루어졌지만, 『훈지집』은 여기에 수록되지 못하였다. 조선 시기에 이미 목판으로 인쇄까지 된 문집임에도 불구하고 수록되지 못한 이유가 무엇인지 정확하게는 모른다. 어쨌든 그런 이유로 『훈지집』은 쉽게 접할 수 있는 문집이 아니었고, 학자들에게도 널리 알려지지 못하였다.

필자는 일찍이 우연한 기회에 『훈지집』을 접하게 되었다. 역사를 전공한 필자는 현실에 대한 인식과 대응이라는 측면에 초점을 두고 연구를 계속해 나가고 있었는데, 마침 조선 후기 영남 남인들의 경세론에 대한 연구가 부족함을 못내 아쉬워하던 중 『훈지집』을 접하게 되었던 것이다. 그 속에는 형제가 쓴 국정개혁론이 들어 있었다. 당시에도 그들에 대한 연구는 그리 많이 되어 있지 않은 편이었다.

영남 남인 중에서 경세에 관한 논설을 남긴 목재 홍여하와 『홍범연의』를 통해 경세론을 편 갈암 이현일에 이어 그다음 시기를 장식할 수 있는 경세론이었기에 마음이 설레었다. 거기에다가 상당히 체계적이고도 구체적으로 작성되어 있었기 때문에 그 의미는 더욱 컸다. 분석을 서둘러 「18세기초 정만양·규양 형제의 개혁론」(『이수건교수 정년기념 한국중세사논총』, 2000), 「훈수 정만양의 토지제도 개혁론」(『퇴계학과 한국문화』 35,

2004), 「훈·지수 정만양·규양 형제의 시대와 그들의 현실대응」(『동방한문학』 28, 2005) 등 세 편의 논문을 연이어 발표하였다. 그 후 필자는 『조선후기 영남 남인연구』(경인문화사, 2015)라는 저서를 출간할 때 정만양 형제에 대한 글을 저서의 제2편 4장으로 넣었다.

인연은 또 다른 인연으로 이어졌다. 2013년에는 '경북의 종가 문화 시리즈'의 정세아 종가 편인 『임란의병의 힘, 영천 호수 정세아 종가』(예문서원)를 집필하였다. 그리고 이번에는 정만양 종가편을 집필하게 된 것이다.

훈수의 10대 종손 정극(족보명 정윤극) 박사는 객지에서의 오랜 교수 생활을 마감하고 고향으로 돌아왔다. 조상의 숨결이 남아 있는 옥간정과 모고헌의 건너편 옛 종택 터에 새 집을 지어 거주하고 있다. 팔순의 연세에 아직 정정하시다. 책의 출간을 함께 기뻐하며 축하드린다.

마지막으로 경북대학교 영남문화연구원 종가문화연구팀의 여러 연구원에게도 고마움을 표하고 싶다. 종손과 대담한 내용을 담은 녹취록을 풀고, 복잡한 가계도의 얼개를 그려 제공해 주었다. 특히 책에 들어갈 좋은 사진을 찍기 위해 현장을 여러 차례 방문하는 수고를 아끼지 않았다. 함께 종택을 방문하고 근처 정자를 답사하던 일도 오랫동안 기억에 남을 것이다.

2021년 3월

우인수

영천 훈수 정만양 종가

목 차

제 1 장

영일정씨와 영천

1 영천의 역사지리적 환경

영천永川 지역에는 일찍부터 소국小國이 세워졌다. 변진 24국의 하나인 호로국戶路國과 골벌국骨伐國이 이곳으로 비정되고 있다. 이들 나라는 236년 신라에 병합되어 절야화군切也火郡과 사정화현史丁火縣이 되었다. 504년(지증왕 5)에는 이곳에 골화성骨火城이 축조되었고, 536년(법흥왕 23)에는 청제菁堤라는 저수지가 축조되고 비가 세워지기도 하였다. 757년(경덕왕 16) 지방제도를 개편할 때 절야화군과 사정화현은 각각 임고군臨皐郡과 신녕현新寧縣으로 개명되어 양주良州에 속하게 되었다.

이 지역은 후삼국의 쟁패기에 왕건과 견훤의 관심이 집중된 곳이었다. 925년(경애왕 2) 고울부高鬱府의 장군 능문能文이 왕건에게 항복하자, 이 지역이 경주에 가까이 있다는 이유로 크게 우대되었다. 927년 견훤이 신라를 공격할 때에도 이 지역은 양대 세력의 각축장이었다. 고려 통일 이후 임고군·임천현·도동현이 통합되어 영주永州가 되었는데 고울군이라고도 하였다.

995년(성종 14) 자사刺史가 파견되기도 했으나, 1018년(현종 9) 신령현과 함께 동경유수관의 속현이 되었다. 영주에는 1172년(명종 2) 감무監務가 파견되었으며, 다시 지주사知州事로 승격되었다. 속현이던 신녕현에도 1390년(공양왕 2) 감무가 임명되었다.

조선 초에는 고려에 이어 영주군永州郡과 신녕현新寧縣으로 나뉘어 있었다. 1413년(태종 13) 영주군은 영천군으로 개명되었으니, 영천이라는 이름은 600여 년의 역사가 있는 셈이다. 이 지역의 토질은 비옥한 토지와 척박한 토지가 반반으로 섞여 있는 수준이었고, 인심은 까다롭지 않은 편으로 학문을 좋아했다고 한다. 영천은 옛날부터 영남 지역 교통의 요지였기에 영천읍내장이 물화의 교류 장소로 큰 구실을 하였다. 영천을 통해 동해안의 해산물이 대구·경산·칠곡·선산·군위·의성 방면으로 많이 공급되었으며, 벌꿀·왕골·인삼·유지·송이·대마·산약 등 이 지역의 특산물이 많이 거래되었다.

1914년 군면 통폐합 시 작은 고을이었던 신녕은 영천군에 흡수되었다. 1981년 영천읍이 시로 승격되어 시·군으로 분리되었다가 1995년에 시·군의 통합에 따라 영천시와 영천군이 통합되면서 새로운 영천시가 되어 오늘에 이른다. 영천시는 경상북도 남동부의 중앙에 위치하였는데, 동쪽으로는 포항시와 경주시, 서쪽으로는 경산시와 대구광역시, 남쪽으로는 청도군, 북쪽으로는 군위군·청송군과 접하고 있다.

시의 동쪽은 운주산雲住山(806m) 등이 있어 태백산맥의 남쪽 줄기에 해당하고, 서쪽은 팔공산八公山(1,193m), 북쪽은 보현산寶賢山(1,124m)으로 둘러싸여 있는 완전한 분지 형태를 갖추고 있다. 그 사이를 자호천紫湖川·고촌천古村川·신녕천新寧川·고현천古賢川 등의 여러 하천이 누비다가 자호천과 고촌천이 만나 남천을 이루고, 신녕천과 고현천이 만나 북천을 이루었다. 『여지도서』에는 "영천 고을이 남천과 북천 두 물줄기가 합류하는 안쪽에 있고, 물줄기가 '영永' 자 모양을 이루므로 영천이라 이름 지었다."라고 기록되어 있다. 남·북천은 다시 합류하여 낙동강의 큰 지류인 금호강琴湖江을 이룬다.

그리하여 영천은 흔히 이수삼산二水三山의 고장으로 불리고 있다. 이수는 남천과 북천을 가리키며, 삼산은 앞서 지적한 세 개의 큰 산을 가리킨다. 산과 물이 만나는 골짜기마다 작은 논밭이 들어차 있고, 더러는 하류에 넉넉하고도 기름진 큰 들판이 형성되어 있다.

2 영천 입향과 정몽주 존숭

우리나라에서 정씨 성을 가장 먼저 사용한 사람은 신라 3대 유리왕儒理王 9년(32)에 육부六部의 하나인 진지부珍支部의 촌장이었던 지백호智伯虎였다.[1] 지백호는 박혁거세를 양육하여 신라 건국에 공을 세운 이유로 정씨 성을 하사받은 것이다. 그 먼 후손으로 정의경鄭宜卿이 연일호장延日户長을 지냈고, 또한 연일현백延日縣伯에 봉해진 바 있었으므로 그의 후손들이 본관을 연일로 하였다고 한다. 그 뒤에 지명이 연일에서 영일迎日로 바뀌면서 본관으로 연일과 영일, 오천烏川을 함께 쓰고 있다. 오천은 영일현에 오천이라는 시내가 있어서 생긴 이름이다. 요즘은 혼용하여 사용하는 가운데 주로 영일을 선호하여 통일해 쓰고 있다.

그런데 영일정씨에는 연원은 같으면서도 소목昭穆을 밝히지 못하는 두 파가 있다. 그 하나는 고려 때 추밀원지주사樞密院知奏事를 지낸 정습명鄭襲明(?-1151)을 1세조世祖로 하는 지주사공파知奏事公派이고, 다른 하나는 고려 때 감무監務를 지낸 정극유鄭克儒를 1세조로 하는 감무공파監務公派이다. 이 두 파는 선계先系의 실전失傳으로 서로 촌수를 헤아리지 못하고 세계世系를 고증할 길이 없다.

이 책에서 다룰 영천에 거주하는 영일정씨는 지주사공파이다. 정습명은 고려 중기의 명신으로 인물이 비범하고 국량이 컸으며, 학문과 문장에도 능통하였다. 예종·인종·의종 3대에 걸쳐 임금을 보도하여 벼슬이 추밀원지주사樞密院知奏事에 이르렀다. 묘청의 난을 진압하는 데도 공을 세웠으며, 김부식과 함께 『삼국사기』를 편찬하는 일에도 관여하였다. 천성이 정직하여 쟁신諍臣의 풍모가 있었으므로 인종이 귀중하게 여겨 태자太子(의종)의 앞날을 부탁할 정도였다.

이 영일정씨의 한 갈래가 영천으로 처음 입향한 것은 시조 정습명의 8세손인 정인언鄭仁彦 대였다. 정인언은 고려 말에 벼슬이 전공판서典工判書에 이른 인물인데, 포은圃隱 정몽주鄭夢周의 종증조였다. 고려의 운세가 다할 무렵 정몽주의 충절로 인한 멸족의 화를 피하기 위해 아들 정광후鄭光厚와 함께 영천의 전촌錢村(지금의 도동)에 터를 잡아 은둔해 산 것이 그 시작이었다. 정광후는 문과에 급제한 후 고려 말에 상주목사를 역임한 바 있었다. 그는 조선이 개창된 이후 협력을 요청받아 고심 끝에 출사에 응함으로써 가문을 보존하는 길을 택하였는데, 공조판서를 지냈다고 한다.

11세손 정문예鄭文裔는 1402년(태종 2)에 생원시에 급제하여 영산유학교도靈山儒學敎導를 지냈는데, 1403년(태종 3) 처가를 따라 전촌에서 대전리로 거주지를 옮겼다. 그의 네 아들이 모두 대·소과에 급제하면서 가문의 명성이 더욱 높아지기 시작하였다. 맏아들인 12세손 정종소鄭從韶는 1447년(세종 29)에 문과에 급제하고 같은 해 문과 중시에도 거듭 급제하였다. 문장과 절행이 있어 점필재 김종직金宗直으로부터 오천정선생烏川鄭先生이라는 추존을 받았다.

정종소의 아들인 13세손 정이휘鄭以揮는 장수도 찰방長水道察訪을 지냈는데, 김종직과도 교분이 두터워 자주 시문을 주고받으며 교유하던 사이였다. 무오사화의 화를 피해 벼슬을 버리고 낙향하였다. 이에 그의 아들들도 화가 미칠 것을 염려하여 사방으로 뿔뿔이 흩어져 숨었다.

정이휘의 제5자인 14세손 정차근鄭次謹은 골짜기인 자양紫陽의 노항魯巷으로 들어와 숨어 살았다. 노항으로 들어올 때 정차근의 아들인 15세손 정윤량鄭允良은 5세였다고 한다. 그 후 정윤량은 퇴계 이황의 문하에서 학문을 닦았으며, 학행이 있고 성리학 탐구에 전심하여 주변에 명망이 있었다. 자양서당을 건립하여 후진 양성에도 힘썼다. 특히 퇴계 이황의 주도로 서원창설운동이 일어날 때 정몽주를 제향하는 임고서원을 영천에 창건하는 데 큰 힘을 보태었다. 이로써 영천은 만고충신 정몽주와도 인연이 깊은 고장으로 다시금 사람들의 뇌리에 각인되었다.

포은 정몽주는 1337년 영천군 동쪽 우항리 외가에서 태어났다. 아버지는 영일정씨 정운관鄭云瓘이었고, 어머니는 영천이씨 이약李約의 딸이었다. 영천과 영일을 오가며 유년기와 청년기를 보냈으며, 관직에 나아가면서 생활 근거지를 개경으로 옮기게 되었다.[2)]

정몽주는 영천과 영일 두 곳 모두 가슴에 아련한 추억이 담긴 곳으로 추억하고 있었다. 아래의 두 시에 보이듯 그는 외가인 영천과 친가인 영일을 모두 자신의 향리로 추억하고 있었으며, 두 고을을 묶어 양향兩鄕으로 각별히 표현하였다. 따라서 영천은 정몽주의 탄생지로서 그에게 고향과 진배없는 곳이었다고 해도 과언이 아님을 알 수 있다.

영천 들판 논에는 벼가 잘되고,	永野田宜稻
오천에는 먹을 만한 고기가 있어.	烏川食有魚
나에게 두 가지가 모두 있건만,	我能兼二者
돌아가는 글은 짓지 못하는구나.	但未賦歸歟

정몽주, 『포은집』 권1, 시, 「諸城驛夜雨」

섬나라에 봄빛이 움직여 오니,	水國春光動
하늘 끝 나그네는 가지 못하네.	天涯客未行
풀빛은 천리에 이어 푸르고,	草連千里綠
달빛은 두 향리에 함께 밝겠지.	月共兩鄕明

정몽주, 『포은집』 권1, 시, 「洪武丁巳 奉使日本作」

임고서원 전경

1553년 영천의 사족들은 포은 정몽주를 모신 서원을 창건하였다. 이 서원은 이듬해인 1554년 임고서원臨皐書院으로 사액되었다. 임고서원은 백운동서원과 남계서원에 이어 세 번째로 세워졌고, 소수서원에 이어 두 번째로 사액서원이 되었다. 주지하듯이 소수서원의 사액은 풍기군수로 재직하던 퇴계 이황의 의지가 반영된 결과로 이후 서원 설립의 신호탄 구실을 하였다. 영천에서도 그에 부응하여 서원 창설이 추진된 것이었다. 영천 사림들은 자연스럽게 정몽주를 향사의 대상으로 주목하였다. 이는 영천이 정몽주의 탄생지로서 인연이 있는 곳이었으며, 충절의 상징을 계승

임고서원

임고서원 현판

하려는 의식이 영천 사족들 사이에 폭넓게 자리 잡고 있었기에 가능한 일이었다.

임고서원의 건립에는 영천 출신의 퇴계 문인인 정윤량鄭允良, 김응생金應生, 그리고 노수盧遂 등이 앞장섰다. 이미 영천에 세거하던 영일정씨 문중이 적극적인 지지를 하였기에 가능한 일이었다. 여기에 이황의 전폭적인 지원이 더하여졌음은 물론이었다. 이황은 창건 시에 봉안문을 작성하여 보내 주었고, 왕으로부터 하사받은 서책을 기증하기도 하였다. 전국에서 두 번째로 사액서원이 되면서 정몽주의 주향처로서의 높은 위상을 확보할 수 있었으며, 아울러 경제적인 안정화를 도모할 수 있었다.

임진왜란으로 서원 건물이 소실되는 불운을 겪었으나 정몽주의 영정은 영천 사족의 노력으로 보존할 수 있었다. 난 후에는 도일동으로 장소를 옮겨 이건 중장하였다. 영천의 유림들은 임고서원 건립을 통해 정몽주를 계승한다는 인식을 확고히 하였다. 그리고 정몽주를 모신 임고서원을 통해 포은 정신을 계승한다는 자부심을 가졌다. 탄생지이자 향사처享祀處라는 두 가지 위상은 영천 사족들의 자긍심을 높이기에 충분하였다.

정몽주와 관련하여 영천이 가진 위상은 다른 지방의 유림들도 인정하는 바였다. 임고서원 창건 시 이황은 봉안문에서 정몽주의 고향으로서 임고서원이 포은정신을 계승하는 도량임을 특기하였고, 춘추향 축문에서는 정몽주의 도학과 충절을 더할 수 없이 칭송한 바 있었다. 나아가 이황은 「임고서원」이라는 시에서 정몽주에 대한 존숭의 마음을 압축적으로 표현하였다.

포은의 거센 바람 우리나라에 떨치니,	圃翁風烈振吾東
사당도 학궁도 우람하고 그윽하네.	作廟渠渠壯學宮
공부하는 모든 선비에게 말하노니,	寄語藏修諸士子
연원과 절의 둘 다 으뜸이라네.	淵源節義兩堪宗

이황, 『도산전서』 권4, 시, 「書院十詠, 임고서원」

이뿐만 아니라 『영양사난창의록永陽四難倡義錄』의 서·발문을 쓴 안동의 류이좌柳台佐, 봉화의 김희주金熙周, 경주의 이정병李鼎秉 등 당대의 학자들도 하나같이 영천 의병의 충의를 포은 정신의 계승으로 연결시켰다. 류이좌는 서문에서 집집마다 충과 의를 전하는 영남의 남쪽 영천군이 바로 정몽주를 향사하는 고장이라는 점을 특기하였다. 그는 이러한 영천의 기풍을 임진왜란 때 정세아의 창의로 연결시키고 있다. 바로 정몽주의 정충대절精忠大節이 끼친 미덕이요 향기라고 하였다. 이는 정몽주의 충절과 그를 기리는 임고서원의 역할을 적극적으로 평가하고 있는 것이다.

임고서원 내 동방이학지조 송탑비

3 정세아 대종가의 형성

정윤량의 아들 16세손 정세아鄭世雅는 1535년(중종 30) 노항리에서 태어났고, 이곳에서 네 아들을 낳았다. 그리고 임진왜란이라는 전란도 겪었다. 현재 노항리는 영천댐으로 인해 대부분 수몰되었다. 자는 화숙和叔, 호는 호수湖叟라고 하였다. 어려서 아버지로부터 학문을 배웠으며, 1558년(명종 13) 24세에 진사시에 합격하였으나 벼슬에 뜻이 없어서 더 이상 과거시험에 연연하지 않았다.

정세아는 행동이 단정하고 무게가 있었으며 근엄하고 독실하였다. 또한 의기가 활달해서 의연한 장부의 풍도가 있었다. 평소 어버이에게 효도하고 집안이 화목하였으며, 향당에서는 공손하고 재리財利를 보는 데는 자신이 더러워질까 두려워하며, 남의 궁핍한 것을 보고서는 베풀어 주기를 미치지 못할까 염려하였다. 남의 장단점을 말하기를 좋아하지 아니하면서도 그 시비의 판단에는 명백하여 한 칼로 양단을 가르듯 하였다. 조호익曺好益, 장현광張顯光, 이준李埈, 손처눌孫處訥 등과 도의로 허여하였다.

1592년(선조 25) 임진왜란이 일어나자 향촌의 자제들을 동원하여 편대를 정하고 격문을 작성하여 900여 명에 달하는 의병을 규합한 후 의병대장이 되었다. 그때 곽재우郭再祐는 의령에서, 권응수權應銖는 신녕에서 각각 기병하여 서로 성원하였다. 그해 8월 권응수·정대임鄭大任과 함께 영천 박연朴淵에서 왜적과 싸워 큰 전과를 거두었고, 이어 영천성을 수복하였다. 다시 경주의 왜적을 격퇴하여 경주를 수복하였다. 영천과 경주를 회복함으로써 경상도 동북부 지역이 온전할 수 있었다. 이듬해 평양과 서울이 차례로 수복되자 군사를 조희익曺希益에게 맡기고 자양으로 돌아왔다.

정세아의 창의는 후대 학자들로부터도 극찬을 받았다. 류이좌는 포은이 마음을 다해 지키고자 한 것이 바로 의義였고, 정세아가 난을 당하여 창의한 것도 바로 같은 의라고 평가하였다. 정세아의 사당을 짓는다는 소식을 접하고는 "이를 듣고 보는 이 고장 사람들에게 어찌 느끼고 흥기시키는 효과가 없겠는가."라고 하였다. 당대의 학봉 김성일도 정세아의 아들인 정의번의 순절을 충효의 극치로 찬탄한 바 있었다.

이정병도 영천이 정몽주의 고장임을 강조하면서 그의 정충대절을 이어받아 나라가 어려움에 빠졌을 때 정몽주의 방계 후손인

환구서원 전경

환구서원 현판

정세아가 창의하였다고 높이 평가하였다. 나라가 어려움에 처하게 되자 충의의 기운이 영남에서 시작되었고, 영남에서도 영천이 최고였다면서 고을에 만연한 충의를 특기하였다.

한편 정세아는 체찰사 이원익李元翼에 의하여 여러 번 천거되었으나 사양하였고, 나중에 황산도찰방黃山道察訪을 잠시 지냈다. 이후 후진 양성에 힘쓰다가 1612년(광해군 4)에 세상을 떠났다. 후일 병조판서에 추증되었고, 시호는 강의剛義이다. 후대에 『호수실기湖叟實紀』가 편찬되었으며, 현재 환구서원環丘書院에 배향되어 있다.

2017년에 필자가 찬술한 환구서원 사적비에는 정세아의 창의를 다음과 같이 기리면서 서원 창건의 전말을 전하고 있다.

> 이곳은 영천의 선비 강의공剛義公 호수湖叟 정세아鄭世雅(1535~1612)와 그의 아들 백암柏巖 정의번鄭宜藩(1560~1592)을 모신 서원이다. 영천은 만고충절의 상징인 포은圃隱 정몽주鄭夢周 선생이 태어난 고을이요, 그를 모시는 임고서원臨皐書院이 세워진 곳이다. 포은의 정신을 면면히 계승한 영천인은 국가적 위기 때마다 분연히 일어나기를 주저하지 않았다. 1592년 4월 임진왜란으로 나라 전체가 위급한 상황에 빠졌을 때 영천에는 진사 정세아가 있었다. 우국충정의 마음이 남보다 뜨거웠던 그는 의병을 창의하여 영천인의 가슴에 충의의 불을 지폈다. 고을의 어른이 해야 할 옳은 일이었다. 뭇 사람의 추천으로 의병장에 추대된 것은 평소 쌓은 착실한 학문과 높은 신망의 결과였다.
>
> 그는 수백 명에 달하는 의병을 효율적으로 이끌며 여러 곳에서 전과를 올리는 한편 관군과의 협조체제도 지혜롭게 이끌어 내었다. 대표적인 전과는 바로 영천성 탈환 전투였다. 영천을 위시하여 신녕, 하양, 경주, 의흥, 자인, 경산의 의병과 관군 3,500여 명이 힘을 합쳐 일본군에게 빼앗긴 영천

성을 이틀에 걸친 공방전 끝에 탈환하는 쾌거를 이룬 것이었다. 조선이 궁지에 몰려 있던 1592년(선조 25) 음력 7월 27일의 일이었다. 일본군에게 점령당한 하나의 성을 온전하게 탈환한 것은 영천의 경우가 처음이었다. 영천성을 탈환하자 군위, 의성 방면으로 뻗어 있던 일본군도 도망가지 않을 수 없게 되었다.

이에 힘입어 기세가 오른 조선군은 경주성 탈환전에 나섰다. 16개 고을 37,000여 명의 의병과 관군이 집결하였다. 정세아가 이끄는 영천 의병은 선봉을 맡아 경주성 서문 쪽에서 치열한 공방전을 펼쳤다. 피아가 뒤섞여 혼전을 벌이던 중 조선군은 일본 기습군에 의해 외곽을 포위당하는 어려운 처지에 빠져들었다. 간신히 포위망을 뚫고 탈출한 정의번은 아버지를 구하기 위해 세 번이나 적진으로 다시 뛰어들었다가 장렬하게 전사하였다. 후세에 본보기가 되는 장한 죽음이요, 장부의 바른길이었다. 맏아들의 귀한 목숨을 나라에 바친 정세아는 일단 퇴각한 후 향리로 물러나 후일을 도모하였다. 이러한 희생이 바탕이 되어 경주성은 1592년 음력 9월 8일 수복되었다. 두 성의 탈환으로 읍지에도 비로소 생기가 돌기 시작하였다. 경상도의 동북부 지역을 온전하게 보전할 수 있게 되었을 뿐 아니라 반격을 위한 튼실한 발판을 확보하였기 때문이다.

영천 의병을 이끈 정세아 부자는 영천성 탈환에 앞장섰고, 경주성 수복의 밑거름이 되었다. 그 충절을 잊지 않은 영천 사람들은 1777년(정조 1) 이곳 대환마을에 환구세덕사環丘世德祠를 지어 해마다 제사를 지내면서 높은 뜻을 기렸다. 1784년(정조 8)에는 정의번에게 충효정려忠孝旌閭가 내려 충효각忠孝閣을 세웠다. 1868년(고종 5) 대대적인 서원 철폐령에 따라 환구세덕사의 사당은 철거되었고, 충효각과 추원당追遠堂이 남아 지난 시절을 전해 주고 있었다. 2007년 서원 중창을 위해 자손들을 중심으로 추진위원회를 구성하니 지역 유림들 또한 적극적으로 동참하였고 경상북도와 영천시의 지원을 받게 되었다. 마침내 2011년 도내 유림의 뜻을 모아 환구서원으로 거듭나게 되었고, 2016년 11월 18일 봉안 고유 및 준공식을 거행하였다.

환구서원은 420여 년 전 정세아 부자가 실천한 충효 정신을 기억하는 공

환구서원 사적비

간으로 길이 후손에게 이어질 것이다. 이 비 앞에 선 우리는 생각해야 한다. 무슨 일을 해야 하며, 무엇을 준비하고 있는가를.

정세아는 4명의 아들을 두었다. 의번宜藩, 유번維藩, 안번安藩, 수번守藩이다. 이 네 아들 대에서 가문이 크게 가지를 치며 번성하였다. 장남인 정의번은 26세로 생원시에 합격하였다. 임란 시 아버지를 도와 의병을 일으켜서 영천성을 수복하는 전공을 세웠으나 이어 벌어진 경주성 탈환 전투에서 적에게 포위된 부친을 살리고 자신은 장렬히 전사하였다. 후일 이조참판에 추증되었으며,

정의번 충효각

정려가 내려져 충효각이 세워졌다. 환구서원에 아버지와 함께 배향되었다. 후사는 막냇동생인 정수번의 둘째 아들 정호례가 이었다. 정세아 가문이 노항에서 다시 대전리로 돌아온 것은 이때였다. 1613년(광해군 5) 정호례가 해남현감으로 재임하던 당시에 대전리에 종택을 새로 건립하였다. 2남인 정유번은 임란 후 조용히 초야에 묻혀 살다가 뜻을 펴지 못하고 일찍 사망하였다.

3남인 정안번(1574-1630)은 어릴 때부터 체격이 크고 작은 일에 구애됨이 없는 활달한 성격이었다. 이 책의 주인공인 정만양의 고조이다. 임진왜란 때 동생과 함께 피란하여 어머니를 비롯한 식

호수종택

솔들을 책임지는 임무를 수행하였다. 1605년(선조 38) 무과에 급제한 후 북변 지역에서 의무 복무를 하였으며 후에 용양위 부사과에 이르렀다. 묘소는 울산 덕하리에 있는데, 아들인 정호인이 양산군수로 재직 시 좋은 자리를 택하여 이장하였다. 재실로 덕하재德下齋가 있다.

4남 정수번은 힘이 세고 용기가 남달라 능히 호랑이라도 잡을 듯한 모습이었다고 한다. 무과에 급제한 후 감포만호를 거쳐 내금위장에 임명되었다.

4 횡계리의 정만양 종가

정만양의 증조 정호인(1597~1655)은 정안번의 장남으로 1618년(광해군 10) 22세에 진사시에 합격하고, 1627년(인조 5) 31세에 문과에 급제하였다. 호는 양계暘溪이다. 손처눌과 장현광을 사사하였으며, 문장과 재행才行이 탁월한 문신이었다. 중앙 관직과 여러 고을의 수령을 거쳐 벼슬이 진주목사에 이르렀다. 임기를 마치고 돌아올 때에는 간단한 고리짝과 서책 몇 권이 행장의 전부였을 정도로 청빈하였다고 한다. 남원부사로 재직하던 중 관아에서 세상을 떠났다.

1636년 병자호란이 발발하였을 때 향리에서 의병을 일으켰다. 의병장 정호인은 당시 145명에 달하는 영천 의병을 대표하여 군

양계정사 전경

량을 모으는 등 관군을 돕는 일에 매진하였으나 항복으로 전쟁이 끝난 소식을 접하고 분루를 삼키었다. 그즈음을 생각하면서 지은 다음의 시에는 충의의 기개가 서려 있다.

지난해에 무지개가 해를 관통하더니, 忍說前年日貫虹
남한산성의 눈보라가 행궁을 때려 친다. 漢山風雪打行宮
만 리 요동에는 조공길이 통하는데, 遼陽萬里通朝路
어두운 방에서 가슴 치는 늙은이 마음을 누가 알리오. 誰識搥心漆室翁

정호인, 『양계집』 권1, 시, 「次全西岡三省韻十絶」

양계 정호인 묘소

그는 스스로를 낮추고 정성과 덕으로 남을 대하여 문풍을 진작시킨 공이 컸다. 시문집으로 『양계집暘溪集』이 있다. 후손들이 그를 기리기 위해 세운 양계정사暘溪精舍가 있으며, 손처눌을 모신 대구의 청호서원靑湖書院에 배향되었다.

정만양의 조부 정시행鄭時行은 부친상을 당한 후 너무 슬퍼한 나머지 건강을 해쳐서 일찍 사망하였다. 종조부 정시연鄭時衍은 벼슬을 포기하고 학문에 전념하여 깊은 경지에 이르렀다. 호는 학암鶴巖이다. 향리에서 후진 양성에 힘썼으며, 학문을 진흥시키기 위하여 학규學規를 제정, 실시하기도 하였다. 또한 여씨향

정시행 묘소

약呂氏鄕約을 고을의 실정에 맞게 고쳐 관리들의 작폐作弊를 막고 향촌의 풍속을 교화하는 데 힘썼다. 시문집인 『학암집鶴巖集』이 전한다. 정만양 형제도 어릴 때 그 밑에서 학문의 기초를 닦았다. 종조부 정시간鄭時衎은 1669년(현종 10) 35세에 생원시에 합격하여 성균관에서 수학하였다. 청백함을 가훈으로 삼아 문학을 독행하는 선비로 술을 마셔도 요란스럽지 아니하여 스스로 호를 취성당醉醒堂이라 하였다. 정규양이 지은 유사遺事에서 정신이 안정되고 기운이 맑으며, 안색이 온화하고 언어가 드러났다고 평하였다.

아버지 정석주鄭碩冑는 1673년(인조 20) 32세에 생원시에 합격

정시연 묘소

하였다. 성균관에서 공부할 때 한 권세가의 자제가 횡포를 부리자 북을 쳐서 내쫓았다는 일화가 있다. 평소 선비는 마땅히 천길 절벽과 같이 기상이 우뚝하여야 하고 절대 이해에 따라 움직이지 말아야 한다고 경계하였다. 문장이 고문과 가까운데다 시 또한 담백하여 세상에서 시종詩宗이라 하였다. 『양곡시고暘谷詩稿』 1책이 전한다. 밀암 이재가 행장을 지었으며, 이돈우가 묘갈명을 지었다.

정만양鄭萬陽은 아버지 정석주와 어머니 의성김씨 사이에서 안동 천전리 외갓집에서 태어났다. 어머니는 안동 지역의 벌족 가문

정세아 후손 가계도

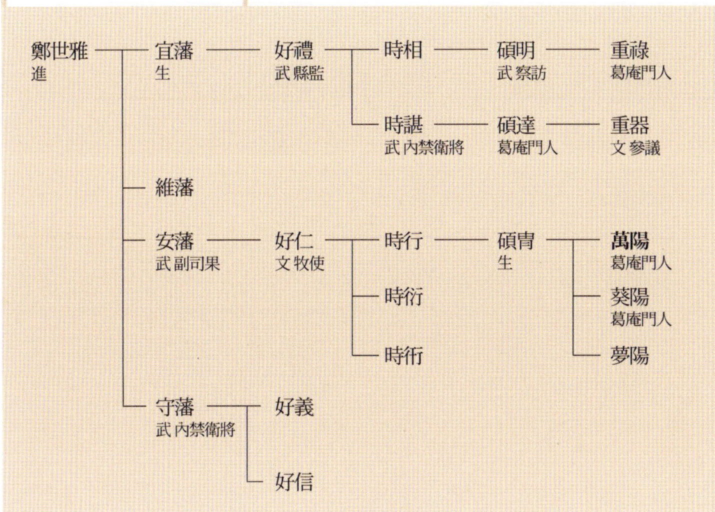

정만양 행장(한국국학진흥원 제공)

의성김씨 가계도

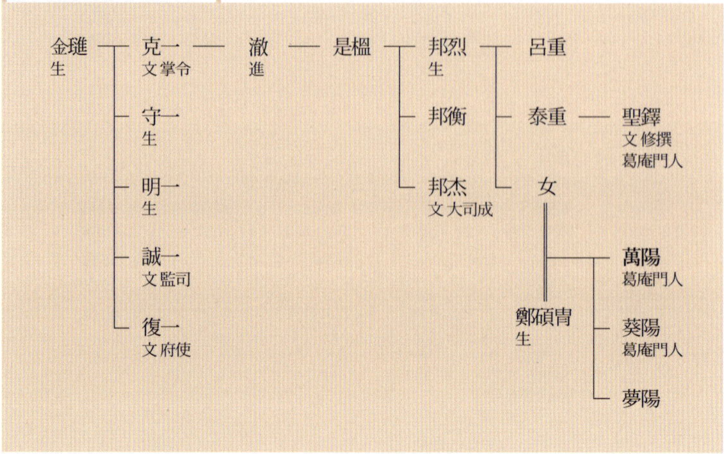

출신이었다. 외조부는 생원 김방열金邦烈이고, 외종조부 김방걸金邦杰은 숙종 대 대사성을 지낸 인물로서 학봉 김성일 형제 이후로 그 가문의 대표적인 존재로 자리매김한 인물이었다. 그리고 스승인 이현일의 신원에 앞장섰다가 화를 당한 김성탁金聖鐸과는 내외종 간이다. 안동의 의성김씨 집안과의 인연은 정씨 형제들의 입지에 많은 도움이 되었을 것이다.

그들의 외가인 의성김씨의 가계를 간략히 나타내면 위와 같다.

정만양은 영해에 거주하는 재령이씨 생원 이지욱李之煜의 딸을 부인으로 맞이하였다. 이지욱의 조부 이신일李莘逸이 갈암 이현일의 종형이어서 이지욱은 이현일의 재종손再從孫이 된다. 정만양의 입장에서 본다면 이현일은 처의 재종증조부인 셈이었다.(정만양의

영천 횡계리 마을 전경

후처는 조문하曺文夏의 딸이다.) 아버지 대에 이어 경상도 북부 지역의 명문가로 혼반을 이어가면서 가문 영향력의 외연을 넓혀 갔음을 알 수 있다.

정만양은 영남 남인사회에 큰 족적을 남긴 학자로 성장하였다. 41세 때인 1704년 영천의 중심부 부근 대전리에서 북쪽 보현산普賢山 자락의 횡계리로 거처를 옮겼다. 현 영천시 화북면 횡계리이다.

보현산은 영천과 청송의 경계에 있는 산으로 높이는 1,124m이다. 태백산맥의 줄기인 중앙산맥의 중앙부에 위치하여 이 자체를 보현산맥이라고도 부른다. 화강암으로 이루어진 보현산은 산 전체가 방패 모양이며, 상봉으로 불리는 최고봉은 북동쪽에 있다. 보현산은 산세가 험하지 않고 웅장하면서도 유순하게 생겼는데, 마치 어머니가 아이를 안고 있는 형세라 하여 모자산母子山이라고도 한다. 보현산의 정상 일대에 1996년 한국천문연구원에서 세운 보현산 천문대가 위치해 있다. 우리나라에서 맑은 날이 가장 많은 곳을 찾아 이곳에 세웠다고 하니 풍광을 감상하기 좋은 곳임을 알 수 있다.

정만양은 보현산에서 내려오는 횡계 계곡의 경치 좋은 곳에 정자와 집을 지었다. 그보다 3년 전인 1701년에 이곳에 이주해 있던 동생 정규양과 함께 은거하면서 한평생 학문 연구와 후진 양성에 힘을 기울였다. 형제가 호를 각각 훈수塤叟와 지수篪叟라고 하였기에 세상에서는 두 사람을 합쳐서 양수兩叟 선생이라 불렀다.

그들은 조상의 현창 사업에도 힘을 쏟았다. 우선 가문의 구심점 구실을 하는 5대조 정세아 부자의 현창에 앞장섰다. 정세아의 유사遺事와 묘표는 정만양이 썼고, 행장은 권두인에게 부탁하였다. 그리고 신도비명은 조현명, 묘지명은 송인명에게 각각 부탁하여 찬술하였다. 조현명과 송인명 모두 소론 집권층의 핵심에 있던 인물들인데, 후일의 추숭을 도모하기 위한 포석인 셈이었다. 한편 정의번의 경우, 애사哀辭는 신지제, 유사는 증손인 정석달, 행장은 정규양이 썼으며, 시총詩塚 비명은 오광운, 묘지명은 류명천에게 부탁하여 역시 후일을 기약하였다.

마침내 매산 정중기가 문과에 급제하여 중앙 관료로 있는 것을 좋은 기회로 삼아 증직과 증시를 위한 청원상소 운동을 대대적으로 벌이기 시작하였다. 이 청원상소 운동에는 수십 년에 걸쳐 수많은 유림들이 참여하였다. 영일정씨 가문의 영향력을 드러내고 가늠하는 일이기도 하였다. 마침내 1784년(정조 8) 정의번에게 정려가 내려졌고, 1788년(정조 12)에는 증병조참판 정세아에게 강의剛義라는 시호가 내려졌다. 이제 정세아는 나라에서 인정한 불천위의 지위를 가지게 되었고, 이는 그 가문의 격이 크게 상승하는 효과를 낳았다.[3)]

아울러 당시 정씨 문중에서는 시조인 정습명의 묘를 찾으려 애쓰고 있었다. 정만양 형제는 여러 문중 사람들을 데리고 직접 수소문하였으나 세월이 너무 오래 지난 탓에 찾을 길이 없었다. 이에 정만양은 1723년 60세 때 영일현 관아 뒤편에 일정한 부지를 확보하여 묘단墓壇을 설치하고, 그 아래쪽에 남성재南城齋를 지어 제사를 받들기 시작하였다. 처음 지내는 제사의 제문은 정만양이 썼다.

정만양은 1730년 67세의 나이로 옥간정에서 세상을 떠났다. 임종 때 자손들에게 남긴 유언은 '충효공검忠孝恭儉' 네 글자였다.

> 우리 집안은 가난하여 토지와 노비가 없으므로 오직 충효공검 네 글자를 남긴다. 진실로 충성으로 임금을 섬기고, 효도로 어버이를 섬기며, 공경으로 마음을 다스리고, 검소함으로써 덕을 기르는 데 힘쓰면, 그 얻어지는 부富가 어찌 약간의 토지와 몇 명의 노비에 비길 것인가? 죽음에 이르러서

시조 정습명 묘단(포항시 남구 대송면)

> 하는 말은 지극한 정에서 나오는 것이니 너희들은 힘껏 받들고 지켜서 대대로 전하는 가법家法으로 삼도록 하여라.

즉 충이사군忠以事君, 효이사친孝以事親, 공이처심恭以處心, 검이양덕儉以養德을 가훈으로 내린 것이다. 또 우애가 각별하였던 형제는 집안의 자손들도 우애를 이어 가기를 소망하여 앞으로 이름을 지을 때 '훈지塤篪' 두 글자의 변과 머리를 따서 짓도록 하였고, 그 바람대로 후손들은 지금도 그 원칙을 지키고 있다. 정만양의 행장은 동생 정규양이 지었고, 김성탁은 특별히 애사哀辭

훈수 정만양 묘소

훈수 정만양 묘비

훈수 정만양 가죽신(한국국학진흥원 제공)

를 지어 추모하였다. 후일 김성탁의 외손인 묵헌 이만운이 묘갈명을 지었다. 묘소는 원당에 있다. 정만양에서 현재 종손에 이르는 가계를 간략히 제시하면 다음과 같다.

정만양 후손 가계도

鄭萬陽 ─ 一夔 ─ 籌臣 ─ ㊋台鼎 ─ 履虔 ─ 基顯 ─ 洪九 ─ 載坤 ─ 箕周 ─ ㊋華建 ─ 潤克

鄭萬陽 ─ 一燕

載坤 ─ 箕煥

1) 이하 영천과 영일정씨에 대한 서술은 우인수, 『임란의병의 힘, 영천 호수 정세아 종가』(예문서원, 2013)에 의거하였다.

2) 이하 정몽주와 임고서원에 대한 서술은 우인수, 「영천의 '사난四難' 창의와 포은정신 -임고서원의 포은 숭모와 관련하여-」(『포은학연구』 20, 포은학회, 2017)에 의거하였다.

3) 김명자, 「18-19세기 영천 정세아 후손들의 청시請諡와 문중 활동」, 『영남학』 18, 경북대학교 영남문화연구원, 2010, 308-311쪽.

제2장

정만양·규양 형제의 학문과 삶

1 퇴계학맥의 계승과 외연의 확대

훈수塤叟 정만양은 1664년(현종 5)에 태어나 1730년(영조 6)에 67세로 세상을 떠났고, 동생 지수篪叟 정규양은 3년 뒤인 1667년(현종 8)에 영천 대전리에서 태어나 1732년(영조 8)에 66세로 생을 마감하였다. 세 살 터울의 형제는 거의 비슷한 시기에 생몰하였음을 알 수 있다. 그들의 호에 들어간 훈塤과 지篪는 악기 이름으로 각각 흙으로 만든 나발과 대나무로 만든 피리를 가리키는데, 『시경詩經』 소아小雅 하인사何人斯에 나오는 "백씨취훈伯氏吹塤 중씨취지仲氏吹篪"에서 따온 것이다.[4]

형이 '훈'이라는 질나발을 불면 아우는 '지'라는 젓대를 불어 화답한다는 뜻으로, 형제간의 화목함을 비유적으로 이르는 말

훈과 지(국립국악원 국악아카이브 제공)

이다. 그리하여 '훈지아주塤篪雅奏' 또는 '훈지상화塤篪相和'는 형제가 서로 화목함을 비유할 때 쓰인다. 이 두 형제는 호의 뜻에 걸맞게 평생을 함께 지내며 우애를 유지하였다. 두 사람이 남긴 글도 공동저술로 간주하여 문집도 『훈지집塤篪集』이라 명명하였다. 또 「삼례도三禮圖」를 참고하여 악기 훈과 지를 제작하고 악보를 직접 만들어 형제가 함께 연주하며 우애를 나누었다. 악보는 문집에 남아 전한다.

정만양은 과묵한 성격으로 어려서부터 언행이 진중하여 학자로서의 자질을 지녔다. 어려서부터 20여 세 때까지 종조부인 학암鶴岩 정시연鄭時衍으로부터 학문의 기초를 닦았다. 정시연은 한강 정구 문하의 모당 손처눌에게서 학문을 닦은 분이었다. 또한 정씨 형제 주변의 많은 친척들이 갈암葛庵 이현일李玄逸과 학문적 유대를 갖고 있었다. 이현일의 문인록에는 정석우·정석달·정만양·정규양·정래양·정중록·정동양·정중기 등 8명이 등재되어 있다. 가문적인 차원에서 갈암의 학맥 분위기에 놓여 있었다고 해도 과언이 아니다. 형제도 30대 초반에 이현일과 학연을 맺으면서 그 문하에 입문하였다.

정만양은 32세이던 1695년에 종성에 유배되어 있던 이현일에게 편지를 보내어 배움을 청하고 겸사하여 집안일과 관련한 궁금한 사안에 대해 질문을 하였다. 그리고 그 이듬해에도 안부를 묻는 편지를 보내곤 하였다. 그런데 서로가 워낙 멀리 떨어져 있을 뿐만 아니라 편지를 전하는 인편도 마땅치 않아서 이현일이 편지를 받아 본 것은 함경도 종성에서 전라도 광양으로 이배되던 도중과 이배지에 도착한 후였다.

이현일은 멀리까지 정성스럽게 편지를 보내 준 데 대한 답장을 보내면서 형제가 질문한 집안의 종조부인 정시연의 사우를 건립하려는 사안에 대한 의견을 개진하여 보냈다. 정시연은 훈수 형제가 어려서 공부를 배웠던 분인데, 이즈음 사우를 창건하려는 움직임이 있었던 듯하다. 이현일은 죄인의 처지라서 감히 의견을 개진할 입장은 아니라고 하면서도 사우 건립에 대해 신중을 기할 것을 조심스럽게 주문하였다.

정만양은 부친상 중에 또 조모상을 당하였는데, 상복의 종류에 대해 질문하는 편지를 보내기도 하였고, 모친상을 당하였을 때는 상복 기간에 대한 의문점을 질문하기도 하였다. 이현일은 그때마다 여러 사례를 들어 의례에 합당한 답변을 해 주곤 하였다. 그리고 정만양의 나이 35세 때는 그동안 공부하면서 가졌던 의문점들에 대해 질문하는 편지를 귀양지에 있던 72세의 이현일에게 보낸 바 있다. 이에 대해 이현일은 조목조목 자세하게 답변을 적어 보내면서 다음과 같이 격려하였다.

> 삼가 문목을 보건대, 고열考閱의 해박함과 견해의 통민通敏함에 참으로 탄복하네. 다만 생각건대, 우주 간의 일은 학자라면 모두 마땅히 궁구窮究해야 하는 바이네. 그러나 처음 착수할 때는 마땅히 절문切問, 근사近思부터 시작해야 한다네. 지금 물어 오신 조목들은 외면적인 범범한 질문이 많고 내면적으로 자신에게 절실한 실제는 적으니, 대군大軍의 유격遊擊이 너무 멀리 벗어나서 돌아오지 못하게 될까 걱정이네. 아끼고 사모하는 마음이 지극하여 그저 다시 한 번 내 생각을 말해 보는 것이니, 어떻게 생각할지 모르겠네.
>
> 이현일, 『갈암집』 권15, 「정만양 형제에게 답함, 무인년(1698, 숙종 24)」

이 사제간의 만남은 이현일이 1704년 78세를 일기로 세상을 떠나면서 끊어졌다. 41세의 정만양은 다음과 같은 제문을 올려 사제의 애끓는 정을 표현하면서 스승의 죽음을 기렸다.

누에고치 실처럼 엉클어진 단서들, 蠶絲眩緖
모두가 애매하여 분명치 않았는데, 一例漫漶
선생께서 붓을 들고 바로 판단하여, 筆下句斷
어려운 문제를 해결해 주시니, 迺決公案
쌓였던 의심이 비로소 없어져, 積疑始祛
얼음이 녹듯이 후련히 풀렸어라. 渙若氷釋

…

교남 지방이 이제 적막하니, 嶠南寂寞
선생의 학문을 누가 이으리요. 墜緖誰續
학업이 있어도 질문할 곳 없고, 有業莫問
의혹이 있어도 질정할 곳 없어라. 有疑莫質
선생의 침문에 와서 곡하니, 一哭寢門
나의 눈물 줄줄 흐르누나. 我淚如傾

『갈암속집부록』 권4, 제문, 정만양

정씨 형제는 스승 이현일이 피화하고 남인이 실세한 정치적 상황으로 말미암아 일찍부터 은둔의 길을 택하였다. 먼저 동생 정규양이 35세이던 1701년 영천의 대전리에서 약 50리 떨어진 보현산 자락의 횡계 와룡암 근처에 육유재六有齋를 짓고 이주하였다. 횡계라는 계곡의 이름이 북송대의 유학자인 장재張載의 호인 횡거橫渠와 비슷하였으므로 장재가 평소에 강조한 '육유'를 집 이름으로 취하였던 것이다. '육유'에 대해서는 형제가 이현일에게 편지로 질문하여 그 의미를 더욱 확실히 하고자 한 바 있다. 그 문답을 소개하면 다음과 같다.

문: 장자張子의 '육유六有'는 학자들에게 매우 공이 있습니다. 그중에서 '말에는 교훈이 있고, 행동에는 법도가 있으며, 낮에는 행함이 있다.[言有敎 動有法 晝有爲]'는 성찰省察에 해당하고, '잠깐 사이에도 보존함이 있으며, 쉴 때에도 길러짐이 있으며, 밤에 얻는 바가 있다.[瞬有存 息有養 宵有得]'는 함양涵養에 해당하는 것입니까?

답: '말에는 교훈이 있고, 행동에는 법도가 있으며, 낮에는 행함이 있다.'는 동動할 때의 공부이고 '잠깐 사이에도 보존함이 있으며, 쉴 때에도 길러짐이 있으며, 밤에도 얻는 바가 있다.'는 정靜할 때의 공부이니, 굳이 성찰과 존양으로 나눌 필요는 없네.

이현일, 『갈암집』 권15, 「정만양 형제에게 답함, 무인년(1698, 숙종 24)」

그러면서 이현일은 "횡거의 주인이 산수 좋은 곳에 자리하였네. 육유재란 이름을 돌아보고 그 의미를 생각한다면, 반드시 인의仁義의 넓은 집을 구해서 사는 유익함이 있을 것이네."라고 하면서 형제를 격려하였다.

정씨 형제는 와룡암의 아래쪽 경치 좋은 홍류담紅流潭 위 가파른 바위 위에 바짝 붙여서 태고와太古窩를 짓고 주위를 완상하였다. 태고와는 후일 개축하여 모고헌慕古軒으로 이름을 고쳐 부르게 되었다.

정만양도 1704년 41세 때 육유재와 태고와 사이 계곡에 집 한 채를 짓고 정재定齋라 명명하였다. 이는 북송대 유학자인 정이程頤의 「사물잠四勿箴」에 나오는 '그칠 곳을 알아 마음을 안정시킨다.[知止有定]'의 뜻을 취한 것이었다. 그 집이 태고와를 마주 보고 있었는데, 동생들과 함께 언제나 합석하고 베개를 나란히 하

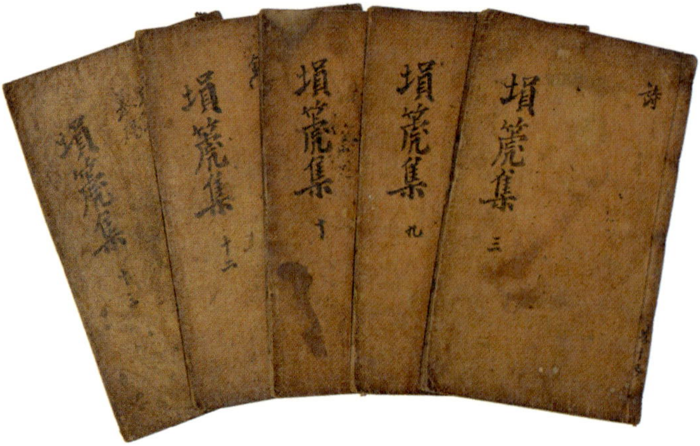

『훈지집』(한국국학진흥원 제공)

여 밤낮으로 떨어지지 않았으므로 두 집은 서로 번갈아 비어 있었다고 한다. 2년 뒤에 정만양은 가족과 함께 완전히 이곳으로 이주하였다.

1707년 44세 때는 이미 제자들이 많아져 옥사屋舍에서 수용할 수 없게 되자 횡계를 따라 오 리쯤 올라가서 고밀곡高密谷 안에 고산사高山社를 지어 제생들이 강마하는 장소로 삼았다. 1716년 53세 때는 비좁은 정재를 크게 고쳐 지어 옥간정玉磵亭이라 하였다. 또한 제자들은 몰려드는데 고산사는 너무 멀어 불편하였기에 태고와 옆에 터를 넓혀 진수재進修齋를 새로 짓고 강학의 장소로 삼아 절차탁마하였다.

횡계에 은거한 두 형제의 마음을 읊은 다음의 시가 당시 삶의 모습을 잘 전해 주고 있다.

횡계 계곡 전경

세상의 풍파를 또 알지 못하니,	世路風波也未知
한 구역 임학에 우연히 깃들었네.	一區林壑偶棲遲
시냇가 돌이 있어 낚싯대 드리우고,	溪頭有石堪垂釣
구름 밖 산이 많아 시를 읊조리네.	雲外多山謾詠詩
때로 절의 누대 이르니 승려 말이 부드럽고,	時到寺樓僧語軟
매번 차 주발 기울이니 병든 몸에 마땅하네.	每傾茶豌病軀宜
날이 개어 창문에서 많은 책 다시 대하니,	晴牕更對書千卷
태고의 흉금은 복희에 있어라.	太古胸襟在伏義

『훈지집』 권1, 시, 「술회」

그들의 학문적 관심은 다양하였다. 먼저 이기론은 퇴계 이황

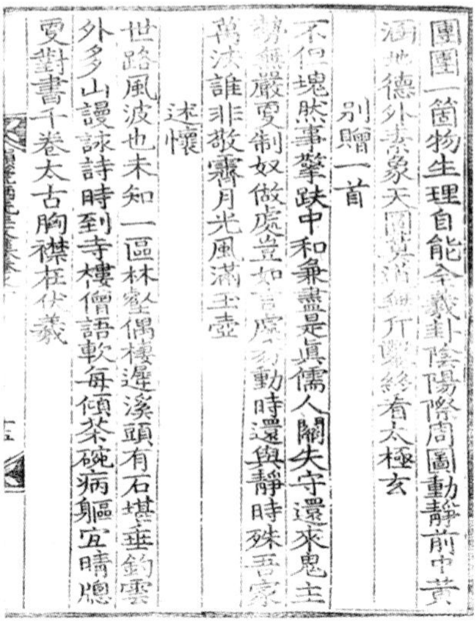

團圞一箇物生理自能含羲卦陰陽際周圖動靜前中黃
[illegible]
別贈一首
不但塊然事蘖跌中和兼盡是眞儒人關失守還來鬼主
靜無嚴更制奴做處豈如[illegible]初動時還與靜時殊吾家
萬法誰非敬齋月光風滿玉壺
述懷
世路風波也未知一區林壑偶棲遲溪頭有石堪垂釣雲
外多山謾詠詩時到寺樓僧語軟每傾茶碗病軀宜晴[illegible]
更對書千卷太古胸襟在伏羲

「술회」(한국국학진흥원 제공)

에서 갈암 이현일로 이어지는 이기심성론을 계승하고 있다. 이기심성론과 관련하여서는 "이는 은미하여 보기가 어렵고 기는 드러나 보기가 쉬운 까닭에 배우는 사람들이 으레 기라는 글자의 함정에 빠지니 이것은 실로 천하의 공통된 병통이다."라고 하였고, 또 "혼륜한 가운데서도 이와 기를 갈라 보아야만 바야흐로 이기의 관계가 비로소 분명해진다. 그렇지 않으면 기를 이로 여기는 병통에 빠질 염려가 있다."라고 하여 퇴계학파의 입장을 분명히 하였다. 그러면서도 기에 대한 인식을 좀 더 적극적으로 강조하면서 의미를 부여한 것은 새로운 관점이라고 하겠다. 윤증과의 교류를 통해 기호학파의 경향을 나름대로 수용한 것이라고 할 수도 있고, 송대 장횡거의 영향을 일정하게 받은 것이라고 할 수도 있다. 이와 관련된 저술로는 『이기집설理氣輯說』, 『심경질의보유心經質疑補遺』 등이 있다.

그리고 예설에 대해서도 많은 관심을 베풀어 『의례통고儀禮通攷』, 『의례별집儀禮別集』, 『개장비요改葬備要』, 『가례차의家禮箚疑』, 『속예차기續禮箚記』 등 많은 저술을 남겼다. 형제가 남긴 저술 가운데 예서가 차지하는 비중이 가장 크다. 그만큼 관심이 컸다는 것을 방증해 준다. 주자의 가례를 기본적으로 중시하면서 변례變禮에 대응하기 위해 부심하였다. 우리나라의 학자 가운데서는 퇴계 이황의 설에 의지하면서도 사계 김장생의 저술에 의지한 바가 자못 큰 점이 특징이다. 진리 탐구에 있어 열린 자세를 볼 수 있는 부분이다.

그들의 학문에서 무엇보다 관심을 끄는 것은 경세론에 대한 관심이었다. 퇴계학파의 경우 경세론에 대한 관심은 이현일 형제에게서 고조되기 시작했는데, 정씨 형제가 그에 대한 관심을 계승하면서 발전시켰다고 할 수 있다. 그들의 경세론은 『훈지속집塤篪續集』 권3-6에 걸쳐 실려 있는 「치도의설治道擬說」에 집약되어 있다. 치도의설은 치도에 대해 시늉을 한 견해 정도로 해석할 수 있는데, '치도설'이라 하지 않고 굳이 '치도의설'이라고 한 것은 은둔자로서의 겸양의 표현이라고 생각한다. 정씨 형제는 비록 은둔하였지만 세상일을 잊지 않았는데 국사國事와 백성의 어려움을 언급할 때에는 문득 근심이 얼굴에 나타났다고 한다. 그들은 자신들의 개혁안을 전정田政, 군정軍政, 공거貢擧 세 부분으로 크게 나누어 중국과 우리나라의 예를 자세하게 살핀 다음 그를 토대로 하여 자신들의 대안을 제시하였다. 조현명趙顯命은 발문에서 "옛것에 거슬리지 않으면서 오늘날에 가히 실행할 수 있는 것"으로 높이 평가한 바 있다.

형제는 이현일을 잇는 영남의 대표적인 학자로 성장하여 영남 남인 내에 큰 족적을 남길 수 있었다. 그들이 교유한 주변 인물로는 밀암密庵 이재李栽를 위시하여 내외종 간인 제산霽山 김성탁, 인척관계에 있던 병애屛厓 조선장曺善長 등이 대표적이었다. 안동의 권두인權斗寅, 숙종 대에 영천으로 이주한 병와甁窩 이형상李衡祥 등도 비교적 교분이 두터웠던 인물로 파악된다. 영남 지역의 학자들 사이에 "북의 밀암(이재의 호) 남의 훈수(정만양의 호)"라는 말이 운위되었을 정도로 이재와 함께 갈암학맥을 대표하면서 영남 유림을 영도하는 위치에 올랐다.

그들의 문인은 「구문인록舊門人錄」에 등재된 111인을 비롯하여 추가로 첨가된 61인을 합하면 총 172인에 달하였다. 이 중 본관과 거주지가 비교적 명확하게 기재되어 있는 「구문인록」의 111명을 분석의 대상으로 삼아 특징을 살피면 다음과 같다.

본관별로는 영일정씨가 46명으로 전체의 41%에 달하는 다수를 차지한 가운데, 안동권씨와 창녕조씨가 각각 9명, 서산류씨가 5명, 경주최씨와 벽진이씨가 각각 4명, 응천박씨·풍양조씨·청안이씨·함안조씨가 각각 3명, 영천윤씨·달성서씨·경주김씨·광주안

씨가 각각 2명 순으로 나타난다.

거주지별로 보면 역시 영천 지역에 가장 많아 68명으로 전체의 61%에 달하였다. 그 외 경주 9명, 신녕 8명, 청송 5명, 울산 3명, 대구·안동·상주·장기·서울이 각각 2명 순이었다. 이를 통해 볼 때 그의 문인은 영천 주변의 정씨를 주축으로 하여 경주, 신녕, 울산, 청송 등 주로 경주권 중심으로 형성되어 있었음을 알 수 있다.

대표적인 문인으로는 참의 정중기鄭重器, 승지 정간鄭幹, 감찰 안경세安景說, 승지 조석룡趙錫龍, 장령 권응규權應奎 등을 들 수 있다.

뛰어난 학문과 문인 양성, 그리고 소론 집권층과의 일정한 교분도 작용하여 정만양은 1724년(경종 4) 순릉참봉에 임명되었다. 정규양은 1714년(숙종 40) 암행어사의 천거로 현릉참봉에 임명되었고, 1722년(경종 2)에 이조판서 오명항의 천거로 산림식인 세자시강원 자의諮議의 후보자에 든 바 있다. 그러나 이들 형제는 한 번도 출사하지 않았다.

정만양 형제가 한창 뜻을 펼 시기인 숙종 대 중반 이후는 영남 남인이 집권세력에서 밀려나 지방의 재야세력으로 존재하던 시기였다. 영남 지역의 유림을 대표하면서 산림으로 조정에 출사하였던 스승 갈암 이현일이 죄인으로 몰린 이후 영남 남인은 정치적으로 매우 어려운 처지에 내몰려 있었다. 특히 숙종 대 후반에서 영조 초년에 걸친 약 30년 동안은 근기 남인 출신 당국자當局者도 없던 형편이어서 영남 남인으로서는 가장 침체된 시기였다고 할 수 있다. 이에 상대적으로 온건하였던 소론과의 교류를 통해 그러한 공백을 메꾸려는 경향이 있었다.

정만양과 소론 인사들의 교류도 그러한 차원에서 설명할 수 있다. 여기에는 이현일이 세상을 떠나고 난 뒤 학문적 갈증을 풀기가 더욱 쉽지 않았던 점도 크게 작용하였다. 정만양은 당시 충청도에 은거해 있던 소론의 영수이자 대학자인 윤증尹拯에게 서신을 보냈다. 이 사실을 안 어떤 사람이 경계하여 말하기를 "근세에 당이 나뉜 뒤로는 물색이 틀어져서 어긋났는데, 지금 공의 일은 비록 공심에서 나왔더라도 말속에서는 말이 많으니 다른 사람의 구설수에 오르내리지 않겠는가?"라고 하였다. 이에 대해 형제는 다음과 같이 답변하며 개의치 않았다.

> 후세 붕당의 습속은 본디 군자의 중정한 도가 아니다. 그쪽에 만일 군자가 있다면 나는 마땅히 벗으로 삼을 것이고 이쪽에 만일 소인이 있다면 나는 마땅히 절교할 것이다. 하물며 이 분이 산림에 자취를 감추고 세상일에 관여하지 않으며 우리들 또한 산인山人이니 단지 의리만 말하고 시사를 말하지 않으면 무슨 해가 되겠는가? 당론은 내가 부끄러워하는 것이므로 비록 다른 사람의 말이 있더라도 단지 한바탕 웃음에 부칠 따름이다.
>
> 『지수집 부록』, 「遺事」

비록 윤증이 소론이더라도 군자로 인정하고 있는 점과 양쪽이 모두 산림처사라는 공통점이 있는 점, 그리고 시사에 대해 논하지 않는다는 점 등을 내세웠다. 당시 영남의 남인이 소론 핵심부와 접촉하는 것은 파격적이고도 위험한 행동이었으나, 그들은 정치적 목적이 없는 순수한 학문적 차원에서의 접촉임을 강조하였고, 수차에 걸친 소론 측의 관직 추천을 끝내 사양하고 나아가지 않음으로써 자신들의 순수성을 증명하였다.

형제는 1705년(숙종 31)부터 8년간 윤증과 편지를 주고받으며 학문적 궁금증을 풀었으며, 자신들이 쓴 책을 보내서 질정을 부탁하기도 하였다. 이 교류는 마침 윤증의 동생 졸拙이 장수도 찰방으로 근무하면서 영천에 있던 정씨 형제를 방문한 것이 계기가 되어 그의 주선으로 이루어졌다. 장수도는 신령역을 중심으로 영천, 경주, 경산, 의흥 지역에 산재한 14개 역을 관할하던 역도를 가리키는데, 찰방은 역도의 책임자이다. 형제가 거주하던 곳과 가까운 지역이어서 편지 왕래에도 도움을 받았다.

1714년 윤증이 세상을 떠나자 제문과 향촉을 보내 조문하였다. 천 리 길을 마다 않고 흔쾌히 편지글을 통해 가르침을 내려준 데 대해 깊은 감사의 마음을 표하고 있다.

한 통의 편지로써 질문을 삼아,	一書爲質
천 리라 먼 곳에서 마음 논하니,	千里論心
선생께서 흔쾌히 받아 주시고,	先生欣然
지음으로 허여해 주셨습니다.	許以知音
화두를 집어내어 학문 논하매,	拈起話頭
그 조목이 수십 가지 넘어섰으니,	累十其目
인간의 성정으로부터 시작해,	由性與情
주역의 괘와 획에 미쳤습니다.	旁及卦畫

윤증, 『명재연보 부록』 권2, 제문, 정만양·규양

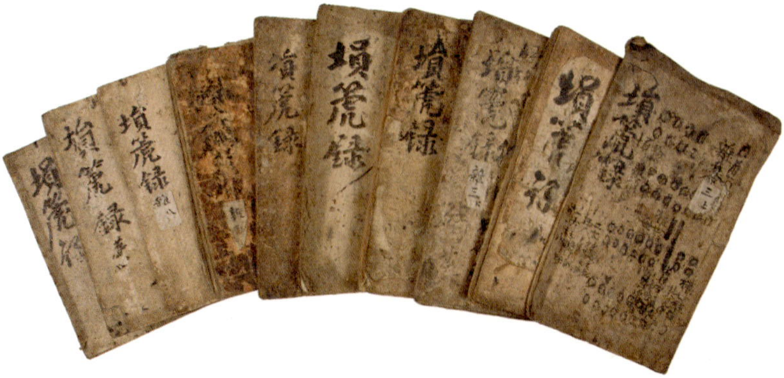

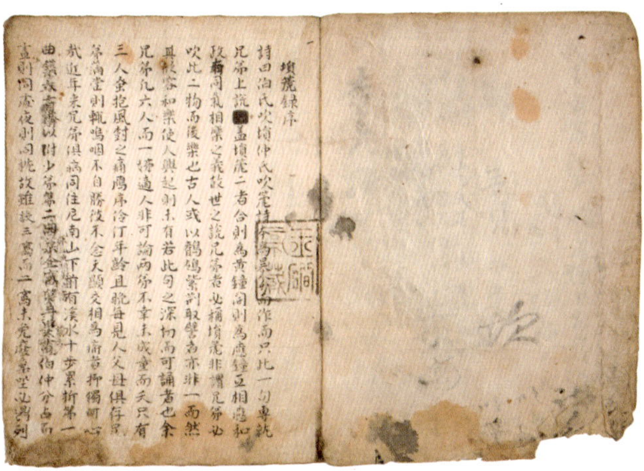

『훈지록』(한국국학진흥원 제공)

후일 소론 조현명이 경상도관찰사로 왔을 때 정규양을 찾아 영천에 간 것이라든지, 정만양의 사후 소론 정제두가 만사輓詞를 지은 것이 윤증과의 서신 왕래와 무관한 것이 아니었으리라 짐작된다. 이 점에서 그들은 영남 남인 중에서는 드문 이력을 가진 특이한 경력의 소유자들이었다. 영남 지역 퇴계학파 학자로서의 전통을 지키면서도 외연을 넓히고 한계성을 극복하려는 열린 마음을 가지고 있었다고 하겠다.

정만양·규양 형제의
학문과 삶

2 이기론과 예론

정만양 형제는 성리학에 있어서 대체로 퇴계 이황의 설을 따랐고, 그 틀에서 크게 벗어나지 않았다. 다만 영남학파 주리론의 주류 가운데 하나인 '이주기자理主氣資'에서 더 나아가 '이생기理生氣'의 생성론적 주리론을 전개하였다. 같은 영천에 살던 병와 이형상이 '이기변理氣辨'에서 "차례를 가지고 말한다면 이理를 먼저라고 하지 않을 수 없지만, 이가 기를 낳는다고 할 수는 없다."라거나, "태극에 기가 없겠는가."라고 한 데 대해 다음과 같이 반박한 바 있다.[5)]

천하에 이理 없는 기氣란 없으며, 기 없는 이란 없다. … 그러나 태극을 주로 하여 말한다면 형이상形而上일 때는 단지 하나의 이일 뿐이다. 이른바 '기'

가 어찌 있겠는가. 이제 태극도에 근거하여 논한다면, 제1권圈은 곧 이른바 태극으로서 '동이양動而陽 정이음靜而陰'하게 하는 본체이니 곧 '이理'인 것이다.

『훈지집』 권21, 「論李瓶窩理氣辨」

주역에 이르기를 "역易에 태극이 있으니 이것이 양의兩儀를 낳는다."라고 하고, 주염계周濂溪가 말하기를 "태극이 동하여 양을 낳고, 정하여 음을 낳는다. 소위 태극이 이理가 아니겠는가? 음양이 기가 아니겠는가?"라고 하였다. 그러한 고로 주자가 이를 풀이하되, "양을 낳고 음을 낳는 것은 이가 기를 낳는 것이다."라고 하였고, 또 말하기를 "이 이理가 있는 뒤에 이 기氣를 낳는다."라고 하였다. 대저 큰 성인의 입신의 경지에 이른 오묘한 이치의 깨달음과 두 현인의 근본에 정통한 선명한 견해가 하나의 '생生' 자를 집어내서 그 선후의 차례를 밝힌 것이 이와 같이 명백하거늘, 언제 누가 "이는 기를 낳지 않는다."라고 말한 사람이 있었던가?

『훈지집』 권21, 「論李瓶窩理氣辨」

그의 이기론은 대체로 청대 권상일로부터 힌주 이진상에 이르는 일련의 학자들과 맥락을 같이하고 있다. 이후 영남학파를 이끌어 가는 위치에 서는 대산 이상정과는 견해를 조금 달리하는 것이었다.

정만양은 평상시 맹자가 말하는 호연지기浩然之氣를 강조하였으며, 이 호연지기를 배양하는 양기養氣의 문제를 매우 중시하였다. 그는 장횡거가 말한 태화太和를 천지의 원기라 규정하고, '군자는 나에게 있는 태화를 잘 길러야 된다.', '나에게 있는 태화를 체험하면 천지의 마음을 볼 수 있을 것이다.'라고 하면서, 양기의 문제는 학문상의 공부일 뿐만 아니라 섭생의 요점이 되는 도리라고 하였다. 양기 공부가 자칫 '오로지 주기상主氣上에서 말한다.'라는 오해를 받을 소지가 없지 않음에도 불구하고 혐의를 무릅쓰면서까지 양기를 주장한 것은 퇴계학을 존숭하는 남인계 학자로서는 다소 이례적인 일이었다.

그리고 정만양은 '변화기질變化氣質'을 중시하였다. 기질을 변화시키는 방법은 '구습을 말끔히 없애고 새 것을 좇아 일을 하는 것'이라고 하였다. 공자가 증삼을 노둔하다고 하였지만 배우는 사람은 기질을 변화함에 있어 마땅히 증자를 본보기로 삼아야 한다고 하였다.

> 학문을 하는 데 가장 먼저 해야 할 일은 기질을 변화시키는 데 있다. 그렇지 않으면 단지 종이 위의 말일 뿐이다.
>
> 기질을 변화시키는 방법은 … 그 치우친 바를 살펴서 고치고 바로잡는 노력을 하되, 날로 쌓고 달로 깊어지면 기질은 저절로 변하게 된다.
>
> 『훈지어록』 권1, 「곤지록 내편」

기질을 변화시킨다는 것은 기를 단속하여 기의 본연, 즉 호연지기를 회복함으로써 본래 선한 이理가 조금도 가려지지 않도록 하는 것이다. 이황은 '본연지성本然之性'의 회복을 강조하는 데 비해, 이이는 기의 본연 즉 '본연지기本然之氣'(호연지기浩然之氣)의 회복을 강조한 점이 중요한 차이라고 할 수 있다. 그런 점에서 정만양의 기에 대한 인식은 퇴계학파 학자들과는 약간 차이를 보

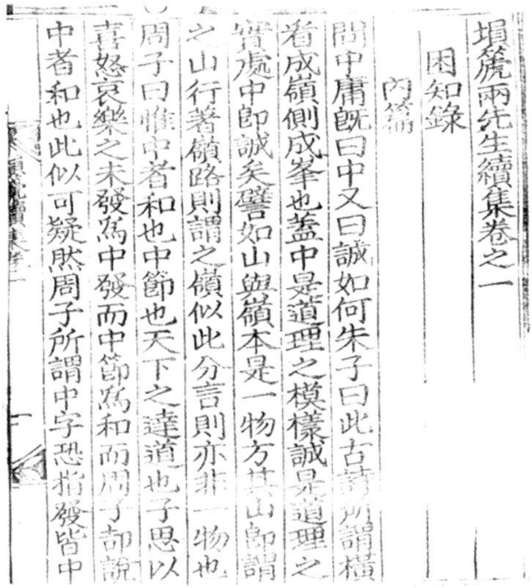
塤篪兩先生續集卷之一
困知錄
內篇
問中庸旣曰中又曰誠如何朱子曰此古語所謂橫看成嶺側成峯也蓋中是道理之模樣誠是道理之實處中卽誠矣譬如山與嶺本是一物方其山卽謂之山行著嶺路則謂之嶺似此分言則亦非一物也周子曰惟中者和也中節也天下之達道也子思以喜怒哀樂之未發爲中發而中節爲和而周子却說中者和也此似可疑然周子所謂中字恐指發皆中

「곤지록 내편」(한국국학진흥원 제공)

이고 있음을 엿볼 수 있다. 비록 이것이 기를 중시한 경향이라고 할 수는 없지만 이理의 실행에 중점을 두는 것과는 일정한 인식의 차이가 있는 것이다.

정만양 형제는 심心에 대한 해석에 있어서도 퇴계학파가 굳세게 지키는 '심합이기心合理氣'에서 다소 벗어나려는 듯한 태도를 보였다. 즉 '심은 이기를 겸하는 것'이라고 보면서도 '기상氣上의 분수가 비교적 많다.'라고 하였다. 이는 '심합이기'를 원칙으로 하면서도 심을 본체의 측면에서 '이理'로 보려고 하는 영남학파의 입장과 심을 작용의 측면에서 '기氣'로 보려고 하는 기호학파의 입장을 아울러 고려한 측면이 있다. 그렇다고 정만양 형제가 '심시기心是氣'라 하거나 아니면 '심시리心是理' 또는 '심즉리心卽理'라고 하는 극단적인 입장을 보이지는 않았다.

이와 같이 정만양 형제는 영남 남인계 학자이지만 당색에 구애됨이 없이 비교적 자유롭게 학문 활동을 하였다. 그들은 당시 남인계 학자들이 꺼리던 율곡 이이의 말을 마치 자기의 말이나 다름없이 제자들에게 늘 하였던 것 같다. 이는 단순 인용과는 차원이 달랐다. 물론 겉으로 두드러지게 나타내지는 않았지만 이이의 『격몽요결』 내용이 어록에 실린 것으로 미루어 학설뿐만 아니라 인간적으로도 상당히 존중하였던 것 같다. 또한 오늘날 전하지는 않지만 『이기집설』을 엮으면서 이황과 기대승은 물론 이이와 성혼의 왕복 논변서를 부록에 합록한 것은 남인으로서는 이례적이라 할 만하다. 여기에는 윤증 등 기호학파 학자들과의 교류가 한몫하였으며, 이형상·이만부 등 낙남落南한 기호 지역 인사들의 영향도 있었던 것 같다.

요컨대 정만양 형제가 주리적 입장을 뚜렷이 하면서도 기에 대한 인식을 새롭게 한 것은 기호학파의 기를 중시하는 경향으로부터 일정한 영향을 받은 바가 적지 않았을 것이다. 사실 율곡의 변화기질론은 송대 장횡거로부터 계발된 것이라고 할 수 있다. 기질지성氣質之性이라는 말을 처음 사용하고 변화기질을 부르짖은 사람은 바로 장횡거였다. 공교롭게도 정만양 형제 역시 장횡거를 흠모하고 학문적으로 영향을 받은 바가 적지 않은 점도 새겨볼 필요가 있다. 이렇게 정만양 형제는 비교적 자유롭고 개방적인 학문 자세를 가진 학자였다.

한편 정만양 형제는 예론과 관련하여서도 많은 관심을 베풀었다. 사실 예학은 성리학 발전 과정의 연장선상에서 성립된 것이지만, 17세기 후반에 이르면 양자를 대비시켜 일컬을 정도로 분화되었으며, 그 이후에는 마치 별개의 학문인 양 인식되기도 하였다. 일상생활에서 예의 실천이 절대시됨에 따라 예에 관한 연구가 활발해져 예서 저술이 폭발적으로 증가하였다.

17세기 이후로 주자가례가 조선 예학의 근간으로 확고하게 자리를 잡음에 따라 예의 생활화·이론화가 병행되었고, 논쟁을 거쳐 주자가례의 미비점을 보완하는 데로까지 나아갔다. 단순히 『주자가례』를 부연하는 데서 나아가 『주자가례』에 없거나 소략한 규정, 예외적인 경우에 적용해야 할 변례變禮에 대한 연구가 활발해졌다. 후대로 내려오면서 예학은 주자가례를 중심으로 하면서도 시속과 관행을 도외시하지 않으며, 우리나라 예학자들의 견해가 많이 반영되는 경향을 보이게 되었다.

인조반정 이후 서인과 남인의 예학 연구 경향은 조금 다른 양상을 보였다. 서인의 경우는 대체로 주자의 예설에 충실하려는 태도를 보이면서 아울러 의례疑禮나 변례에 대한 연구를 병행하였다. 대표적으로 김장생은 그의 대표 저서 『가례집람』에서 『주자가례』를 주석하고 부연함으로써 가례를 완성하고자 하였다. 그런데 남인의 경우는 『주자가례』 일변도에서 벗어나 선대 여러 학자들의 예설에 폭넓은 관심을 보일 뿐 아니라 고례를 중시하는 경향이 있었다. 이러한 경향은 정국의 주도권 여부와도 직결된 것이어서 정치적인 성향마저 띠고 있었다.

정만양 형제의 저술에서는 도처에 예라고 하는 것이 천리天理의 절문節文임을 강조하고 있다. 또한 성리학과 예학이 별개의 것이 아님을 누누이 역설하고 있다. 영남학파 대부분의 학인들이 사서四書를 중심으로 하여 위기공부爲己工夫를 하는 것이 어느 정도 볼 만한 것이 있다고 인정은 하면서도, 초학들이 먼저 착수해야 할 것은 예학이라고 하면서 위학爲學의 단계에서 소학과 예학을 사서에 선행시켰다. 예학으로 먼저 바탕을 닦은 뒤 사서로 나아가야 근거하여 지킬 바가 있다는 것이다. 그들이 예학을 중시한 이유가 여기에 있었다.

형제의 저술 가운데 가장 비중이 높은 것이 예서였다. 이것은 예학에 대한 그들의 관심의 정도를 반영하는 것이다. 정만양은 주자의 가례에 각별한 관심을 가졌다. 주자가례에 대한 선유의 연구서 가운데, 조호익의 『가례고증』과 김장생의 『가례집람』이 서로 뜻을 드러내고 밝힌 바가 있다고 인정하였다. 그러나 두 책 역시 빠지고 소략함을 면치 못하여 새로운 저술이 요구되었는데, 정만양의 『독례차기讀禮箚記』는 이러한 배경에서 나온 것이다.

형제가 공동으로 편찬한 『의례통고疑禮通攷』는 그들의 단행본 저술 가운데 가장 분량이 많은 것이다. 조선 예학사에 있어 우뚝한 위치를 차지하는 저술로 평가될 수 있다. 예로부터 고증이 정확하고 체계적인 예서의 저술은 늘 요구되었다. 특히 가장 쓰임

새가 많은 사례四禮의 경우 일정한 준칙을 만들 필요성이 더욱 간절하였다. 이에 주자가례를 강綱으로 삼고, 경전의 주소注疏 및 후대 학자들의 논의에 이르기까지 두루 취하여 문류門類를 나누어 고열에 편리하게 엮은 것이 바로 『의례통고』이다. 상례에 관한 것이 가장 상세하여 7권이나 된다.

이 책은 권질이 너무 커서 결국 미완으로 끝나고 말았다. 가례의 측면에 치중한 것은 특징이자 한계점이라 할 수 있지만, 그 문류와 체계 및 고증은 높이 평가할 만하다. 다만 예서의 인용에 있어 우리나라 학자의 경우 이황과 김장생의 것에 의지하다시피 한 점은 한계라고 하겠다. 동시에 김장생의 저술에 의지한 바가 자못 큰 점에서 진리를 공물公物로 여기는 형제의 열린 학문관을 엿볼 수 있다.

3 무신란의 발발과 창의

무신란戊申亂은 영조의 즉위에 불만을 품은 소론과 남인의 급진파들이 주도하여 정권 탈취를 목적으로 일으킨 정변이었다. 주모자 이인좌와 정희량 등이 소현세자의 증손 밀풍군을 추대한 정변으로 이들에 의해 청주성이 점령당하였고 경상 우도의 일부 지역도 순식간에 장악되었다. 조선 왕조 역사상 사족들이 군사를 일으켜 정변을 꾀한 것은 이것이 처음으로, 충격적인 일대 사건이었다.[6)]

이때 이인좌는 근기 지역과 호서 지역의 내응군을 동원하여 충청도 청주성을 먼저 공략하여 점령하였다. 이는 향후 호남과 영남에서 올라오는 내응군의 결집처로 이용하고자 함이었는데,

호남 지역의 군사 동원에는 실패하였다. 영남 지역을 담당한 이웅좌(다른 이름으로 웅보, 능좌, 능보라고도 하였음)와 정희량은 안동과 상주 지역 사족들의 소극적인 대응으로 계획에 차질이 빚어지자, 부득이 경상 우도의 안음, 합천, 삼가, 함양 등을 차례로 점거하기에 이르렀다. 근기 남인인 이인좌·웅좌 형제는 이운징의 손자요 권대운의 외손자이고 윤휴의 손서로서 남인 명문가의 자손이었다. 그리고 정희량은 병자호란 당시 절의로 이름이 높았던 동계 정온의 5대 봉사손이었다. 이렇듯이 무신란을 주도한 핵심에는 남인이 다수 포진되어 있었던 것이다.

이러한 소식을 접한 정부의 대응은 신속하고 단호하게 진행되었다. 일단 서울 주변의 내응 가능성이 있는 부류를 색출하여 단속함으로써 만일의 사태에 대비하는 한편 신속히 진압군을 편성하여 급파하기에 이르렀다. 병조판서 오명항을 도순무사로 삼고, 박문수·조현명을 종사관으로 하여 진압에 임하게 하였다.

또한 조정에서는 영남 남인의 핵심 세력이 포진한 경상 좌도(상도)가 난군과 결탁한다면 파장이 걷잡을 수 없을 정도로 확대될 것으로 우려하였다. 이에 영조 초에 안동부사를 지내 비교적 그곳 사정에 밝은 대사성 박사수를 영남안무사 겸 안동부사로 임명하여 즉일로 부임하게 하였으며, 영남 출신의 관료인 영양의 조덕린과 영천의 이형상을 호소사로 삼아 그를 돕게 하였다. 안동으로 급히 내려온 박사수는 안동부 내의 유력 인사를 초치하여 위무하는 한편 인근의 유력인사들에게 의병을 일으키기를 권면하였는데, 정만양·규양 형제도 그의 권면을 받은 인사 중에 속하였다.

영남안무사 박사수의 권면을 받기 전인지 후인지는 정확하게 알 수 없으나, 영천에 은거하던 정만양·규양 형제는 무신란이 발발하였다는 소식을 접하고는 즉시 영천 지역의 사족들을 중심으로 총 187명의 의병을 규합하였다. 이때 정규양은 62세의 나이로 영천 사족들의 추대를 받아 이 지역 의병장으로 추대되었다. 영남안무사로부터 창의 권유 대상자로 지목받은 것이나 영천 지역의 의병장으로 추대된 사실은 평소 그들이 지녔던 높은 명망을 잘 보여 주는 사례라고 하겠다.

그들은 영천 지역의 사족과 사족가의 노비를 중심으로 의병을 모집하고 의진을 편성하는 한편, 안동의 의병 및 안무사와의 연락을 긴밀하게 주고받으면서 사태 추이를 주시하고 있었다. 이때 안동을 위시한 경상도의 각지에서 지역 단위의 의병들이 속속 결성되고 있었다. 의병의 결성은 기본적으로 국왕에 대한 충의라는 유자의 기본적인 자세에서 비롯된 것이기도 하였고, 임진왜란이나 정묘·병자호란을 거치면서 결성되었던 의병의 전통을 계승하는 면도 있었다. 하지만 무엇보다도 남인이 난의 주모자로 가담하였을 뿐 아니라 영남 지역 일부가 난군에 넘어간 이상 그와의 무관함을 증명하기 위해서라도 의병 결성에 적극성을 보일 현실적 절박함이 있었을 것이다.

사실 이웅좌 등과 안동 지역의 몇몇 유력인사들이 모의과정에는 관여하였던 것으로 보이는데, 실제 거사가 일어날 때는 관망하는 자세를 취한 것으로 나타난다. 이는 정국 상황이 노론 집권에서 소론 집권으로 바뀐 것과 관련이 있었을 것으로 추정된다. 노론 집권하에서는 암울할 것 같던 영남의 미래가 소론 집권으로 바뀌면서 약간의 희망을 갖게 되는 가능성이 열렸기 때문이다. 이에 무신란을 일으킨 무리의 토벌에 적극 협조하고 참여할 필요가 있었던 것이다.

이러한 안동 지역의 절박한 사정들과 정국의 변화 상황들이 영천의 정만양·규양 형제에게도 어느 정도 선까지 전해졌는지는 알 수 없으나 어느 정도 교감은 있었으리라 짐작된다. 소론은 영남 지역 남인에 대한 회유책의 일환으로 영남 지역 유력인사를 방문하여 관심을 표명하거나 더러 관직에 천거하기도 하였는데, 정만양·규양 형제도 소론 인사의 방문을 받거나 조정에 천거되어 관직에 제수된 사실이 있기 때문이다.

영천 지역 의병장 정규양은 의병을 효율적으로 통어하기 위해 간부급으로 참모 2인, 장서掌書 4인, 출령유사出令有司 1인, 의병도총義兵都摠 9인, 관향管餉 3인, 연장鍊將 2인, 연도총鍊都摠 3인을 두어 일단 진용을 완비하였다. 이때 정만양은 아무런 직임을 맡지 않은 채 군무를 담당하였다고 한다.

영천 지역의 「무신창의록戊申倡義錄」에는 간부급 25명을 포함하여 총 187명의 명단이 실려 있다. 영천의 모의소募義所에서 의성의 창의소倡義所에 보낸 통문에는 정만양·규양을 위시한 285인 명의로 보낸 것으로 나타나 있어 위의 수치가 전혀 근거 없이 과

장된 것은 아니라는 판단이 든다. 여기에는 영천군 내 각 지역의 사족들이 거의 망라된 것으로 보이는데, 그중에는 정만양·규양 형제의 문인들도 상당수 포함되어 있었다. 간부급 24명 가운데 그들의 문인 7명이 포진되어 있었으며, 일반 의병 161명 가운데는 17명이 포함되어 있었다.

영천 지역 의병진의 구성을 적시하면 다음의 표와 같다.

영천 지역 무신란 의병 진용

직임	성명	비고	인원
義兵將	參奉 鄭葵陽		1
參謀	正字 鄭重器	塤·篪叟 門人	2
	進士 孫世鐸		
掌書	幼學 鄭 梯	塤·篪叟 門人	4
	幼學 徐至淵	李衡祥 門人	
	幼學 柳瓊枝	塤·篪叟 門人	
	幼學 鄭道陽	再從弟, 塤·篪叟 門人	
出令有司	幼學 李敏聖		1
義兵都摠	幼學 徐至遠		9
	幼學 鄭鳳陽	塤·篪叟 門人	
	幼學 尹命三		
	幼學 權得重		
	幼學 金順天		
	幼學 徐至甄	塤·篪叟 門人	
	幼學 李敏義		
	幼學 權大銓		
	幼學 徐載大		
管餉	進士 鄭碩臨		3
	幼學 孫是椅		
	幼學 鄭 相	梯의 從弟	
鍊將	幼學 辛鳳奎		2
	幼學 尹商臣		
鍊都摠	幼學 盧壽元		3
	出身 曺漢卿		
	幼學 朴 枰	塤·篪叟 門人	
義士	幼學 盧壽甲 외		162
총인원			187

의병의 소모 대상은 주로 사족들과 그들에 속한 가노家奴들이었다. 사족 중 30세에서 50세까지에 해당되는 이는 모두 종군하는 것을 원칙으로 정하였으며, 유고한 자는 가정家丁 2인을 대신 내어야 하였다. 다만 독자나 형제가 없는 자는 면제해 주었다. 20세에서 29세에 해당되는 사족은 가정家丁 1인을 대신 내도록 하였다. 20대를 징집대상에서 일단 제외한 이유를 명확하게 알 수는 없으나 가계 계승과 관련한 배려였을 것으로 짐작된다.

이 시기 영천의 의병 창의는 왜란과 호란을 거치면서 형성된 전통을 계승할 뿐 아니라 영남 지역 일부가 난군에 넘어간 절박한 상황에서 영남 지역을 온전히 보전하기 위한 현실적인 방책이었다. 정씨 형제는 창의의 선봉에 서서 국가와 영남 지역 보전에 일익을 담당하였던 것이다. 현실에 대한 그들의 뛰어난 판단력과 식견을 읽을 수 있다.

후일 무신란을 위시한 영천에서 일어난 의병의 상황을 잘 알려주고 있는 창의록이 영천에서 발간되어 주목된다. 바로 『영양사난창의록永陽四難倡義錄』이다. 이 책은 1822년(순조 22) 영천에서 편찬한 1권 1책의 목판본이다. 임진왜란, 정묘호란, 병자호란, 무신란 때 영천 지방의 의병 명단을 약전略傳과 함께 수록하고 있다. 편찬자가 따로 밝혀져 있지 않다. 책머리에는 류이좌와 김희주의 서문이 있다. 이어 이 책의 편찬 전말을 밝힌 서언과 편찬 방침을 적은 범례 8조가 제시되어 있다. 그리고 임진왜란 때 영천성 복성도復城圖와 간단한 내용 설명이 뒤이어 있는데, 이는 곽재

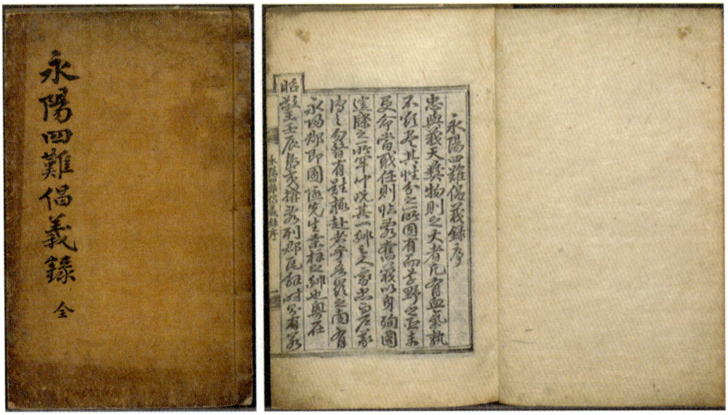

『영양사난창의록』(한국국학진흥원 제공)

우의 창의록을 모델로 하였음을 알 수 있다.[7)]

「임진창의록」에는 의병장 정세아를 위시하여 직제에 따른 111인의 명단과 약전이 수록되어 있고, 말미에는 경주전투에서 순절한 영천의병 21인의 명단이 따로 작성되어 있다. 이어 영천 창의에 관한 몇 사람의 글을 부기하고 있는데, 최벽남의 「임진일기」, 정대임의 행록, 이로의 「용사일기」, 김성일의 장계, 최현의 서신 등이다.

「정묘창의록」은 창의에 대한 간략한 전말과 의병장 손해를 위시한 213인의 명단 및 약전을 수록하였다. 말미에는 이때 모았던 미곡과 무기류의 양을 기록하였다. 「병자창의록」은 창의에 대한 간략한 전말과 의병장 정호인을 위시한 145인의 명단 및 약전을 수록하였다. 말미에는 의병장 정호인이 집안 동생에게 쓴 두 편의 편지가 첨가되어 있다.

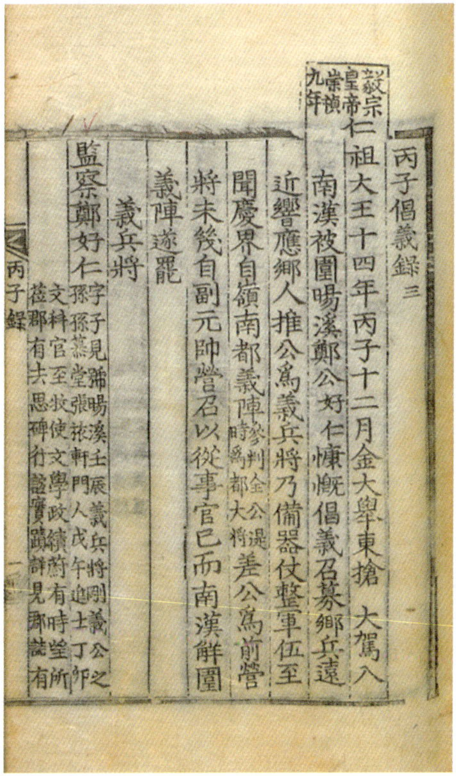
丙子倡義錄 三

毅宗皇帝崇禎九年
仁祖大王十四年丙子十二月金大擧東搶 大駕入
南漢被圍暘溪鄭公好仁慷慨倡義召募鄉兵遠
近響應鄉人推公爲義兵將乃備器仗整軍伍至
聞慶界自嶺南都義陣時參判金公湜爲都大將差公爲前營
將未幾自副元帥營召以從事官已而南漢解圍
義陣遂罷

義兵將

監察鄭好仁 字子見號暘溪壬辰義兵將剛義公之孫孫蕙堂張旅軒門人戊午進士丁卯文科官至牧使文學政績蔚有時望所莅郡有去思碑行諡實蹟詳見郡誌有所

丙子錄

『영양사난창의록』의 「병자창의록」(한국국학진흥원 제공)

「무신창의록」은 무신란에 대한 간략한 전말에 이어 의병장 정규양을 위시한 187인의 이름과 약전이 수록되어 있다. 이어 무신란과 관계된 각종 문서들이 다수 수록되어 있는데, 편찬 당시와 비교적 가까운 시기라서 관련 문서가 남아 있었기 때문이었다.

편찬자가 명확하게 밝혀져 있지 않은 가운데, 편찬에 참여한

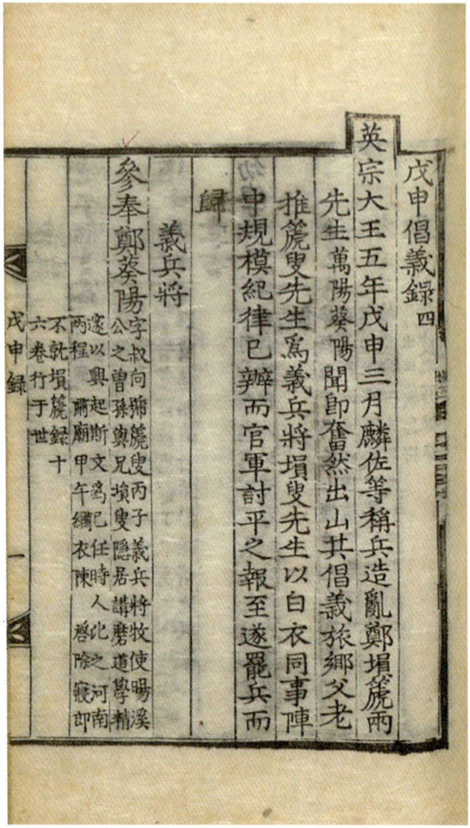

戊申倡義錄 四

英宗大王五年戊申三月麟佐等稱兵造亂鄭塤篪兩先生萬陽葵陽聞卽奮然出山共倡義旅鄕父老推篪叟先生爲義兵將塤叟先生以白衣同事陣中規模紀律已辨而官軍討平之報至遂罷兵而歸

義兵將

參奉鄭葵陽 字叔向號篪叟丙子義兵將牧使暘溪公之曾孫與兄塤叟隱居講磨道學精邃以興起斯文爲己任時人比之河南兩程肅廟甲午繡衣陳啓除寢郞不就塤篪錄十六卷行于世

戊申錄 一

『영양사난창의록』의 「무신창의록」(한국국학진흥원 제공)

인물로 확인되는 사람은 정복휴鄭復休와 정유로鄭裕魯이다. 그들의 이름이 서문과 발문에 거론되고 있기 때문이다. 이정병의 발문에는 정복휴가 창의록을 가지고 와서 발문을 부탁하였다고 특기되어 있으며, 김희주의 서문에는 정유로가 수백 리 길을 마다하지 않고 글을 받으러 봉화까지 찾아왔다고 되어 있다. 정복휴는 정세아의 8대손이었고, 정유로는 9대손이었다.

정세아의 가계에서 영천의 '4난' 중 '3난'의 의병장이 배출되었다. 임진 의병장 정세아, 병자 의병장 정호인, 무신 의병장 정규양이 그들이다. 의병으로 이름을 올린 후손들은 부지기수다. 『영양사난창의록』의 편찬이 정세아의 직계 후손들의 주도로 이루어지는 것은 당연한 일이었다. 창의록 편찬의 의도와 목적은 책머리의 서언에 다음과 같이 제시되어 있다.

> 국가에 대란이 있을 때 영남 지역이 매번 앞장서 왔는데, 영천에서도 전후 4차례에 걸쳐 의병이 일어났다. 어떤 대란에 어떤 사람이 의병에 참여하였는지가 선배들의 기록과 본손의 가승, 또는 향교의 오래된 궤짝에 갈무리되어 있기 때문에 우리 고을 사람들은 의병들의 자손으로서 그들의 행적을 기억하는 것이 마땅하다. 그런데 종이로 된 문서들이 수백 또는 백수십 년 좀에 쓸고 비에 씻겨 훼손되고 있기 때문에 후세에 전해지지 못할까 두렵고 걱정스럽다. 이에 일향의 동지들이 머리를 맞대어 자료가 훼손되기 전에 창의록 1책을 만들고 목판으로 새겨 후세에 전하게 한다.
>
> 『영양사난창의록』, 서언

창의록 편찬은 의병으로 참여한 후손들에게는 자긍심을 고취하여 구심점을 형성함으로써 내부 결속을 도모하는 계기로 삼기에 좋았다. 영천이라는 향촌 사회 내에서 사족들의 위상 제고와 지위 유지에도 도움이 되었을 것이다. 또한 국난의 극복에 기여하였다는 점을 강조하고 드러냄으로써 국가로부터 받을 수 있는

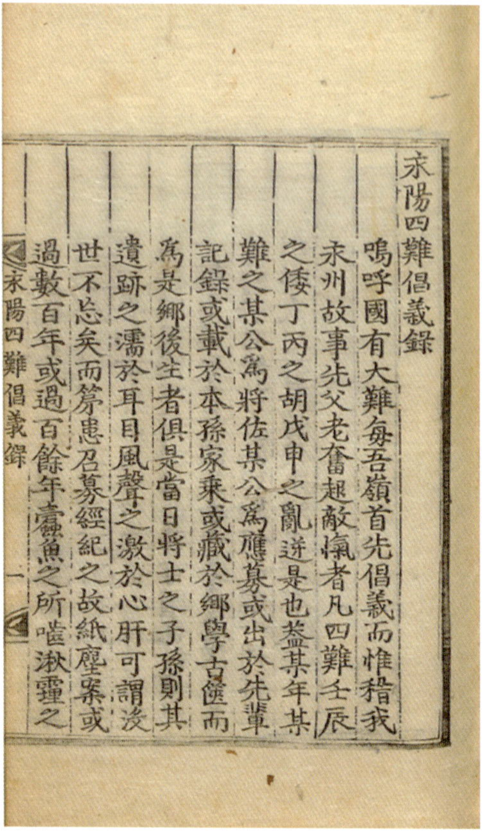

永陽四難倡義錄

嗚呼國有大難每吾嶺首先倡義而惟稽我

永州故事先父老奮起敵愾者凡四難壬辰

之倭丁丙之胡戊申之亂逆是也蓋其年其

難之某公爲將佐某公爲應募或出於先輩

記錄或載於本孫家乘或藏於鄉學古篋而

爲是鄉後生者俱是當日將士之子孫則其

遺跡之濡於耳目風聲之激於心肝可謂沒

世不忘矣而第患召募經紀之故紙塵案或

過數百年或過百餘年蠹魚之所噬湫霾之

永陽四難倡義錄 一

『영양사난창의록』 서문(한국국학진흥원 제공)

각종 특전을 받아내는 효과도 있었을 것이다. 각종 대외적인 사업을 벌일 때 다른 군현의 사족들로부터 협조를 얻어내기도 한결 수월한 부분이 있었을 것이다.

창의록이 만들어지는 것은 종종 있었던 일이다. 하지만 한 군현 단위로 수차에 걸친 창의 사실을 하나의 책자로 묶어서 편찬한 것은 그리 흔한 형태는 아니다. 그런 점에서 영천의 사례는 특이한 경우라고 할 수 있으며, 의미가 있다.

4 횡계구곡의 경영

정만양·규양 형제는 대전리에서 횡계리로 거처를 옮긴 후 보현산에서 내려오는 계곡인 횡계를 따라 펼쳐진 경승지를 중심으로 횡계구곡을 설정하였다. 횡계구곡은 현재 도로 신설과 1975년의 횡계저수지 축조로 인해 원형이 많이 훼손되었지만 일부는 의연히 남아 있다.

남송대 주자는 무이산에 은거하면서 산을 관통해 흐르는 무이천의 아홉 굽이 절경을 무이구곡武夷九曲이라 부르며 「무이도가武夷櫂歌」를 지었다. 조선조 퇴계 이황은 이를 차운하여 상상 속에서 무이구곡을 거슬러 오르는 구곡시를 지었다. 이후 조선 시대 유학자들은 존경의 대상인 주자와 퇴계의 도학을 잇는다는 의미에서 저마다 구곡원림九曲園林을 경영하고 구곡시가를 지었다. 경상북도 지역에만 27곳의 구곡원림이 확인되는데, 곳곳의 빼어난 산과 계곡에 형성된 구곡원림은 단순한 아홉 굽이 명승지의 기능을 넘어 영남 유학자들의 도학을 구현하는 의미 있는 공간이었다.[8)]

정만양의 횡계구곡시 또한 주자의 「무이도가」를 차운한 시다. 총론總論 1수에 이어, 제1곡 쌍계雙溪, 제2곡 공암孔巖, 제3곡 태고와太古窩, 제4곡 옥간정玉磵亭, 제5곡 와룡암臥龍巖, 제6곡 벽만碧灣, 제7곡 신제新堤, 제8곡 채약동採藥洞, 제9곡 고암高菴 등 굽이마다 1수씩 읊은 총 10수의 칠언절구로 이루어져 있다. 모두 자연에서 일어나는 흥취를 노래한 서정시이지만 그 속에는 깊은 뜻이 담겨 있다고 보는 퇴계의 견해를 계승하고 있다.

정만양은 동생과 함께 횡계의 산과 내를 기닐며 성정을 닦았다. 횡계의 차갑고 맑은 물에 세속의 티끌을 씻고 한가롭게 지내면서 그 즐거움에 빠져들었다. 주자가 무이구곡에서 읊었던 「무이도가」를 외람되게 한 번 흉내 내어 본다고 하면서 구곡시 제목을 '횡계구곡감용회암선생무이도가십수운橫溪九曲敢用晦菴先生武夷櫂歌十首韻'으로 정했다. 횡계구곡시의 서시이다.

산천을 관장하며 성령을 즐기는데, 管嶺溪山樂性靈
차갑게 흐르는 아홉 굽이 그 근원은 맑네. 寒流九曲一源清
한가로이 찾아오니 미친 흥 주체할 수 없어, 閒來不奈顚狂興

천 년 전 뱃노래 망령되이 이어 보네.　　　妄續千年櫂下聲

『훈지집』 권6, 시, 「橫溪九曲敢用晦菴先生武夷櫂歌十首韻」

1곡 쌍계雙溪는 옥계와 횡계가 만나는 지점을 가리킨다. 보현산에서 내려오는 횡계가 청송 방면에서 흘러오는 옥계玉溪와 합류하여 자을천玆乙川이 되어 흐른다. 이 지점에 널따란 바위가 있는데 배 모양을 하고 있는 반암이다. 주자가 배를 타고 무이구곡을 유람한 사실로 인해, 정만양은 실제 배를 타고 유람할 수 없는 횡계에서는 배 모양의 바위를 거론하며 구곡을 시작하고 있다.

일곡이라 배처럼 생긴 너럭바위 앉은 곳에,　　　一曲盤巖坐似船
두 시내가 합해 한 내를 이루네.　　　雙溪洄合始成川
도원은 진실로 산 높은 곳에 있거늘,　　　桃源政在山高處
다만 숲은 깊고 푸른 안개에 덮여 있네.　　　只是林深幕翠烟

『훈지집』 권6, 시, 「橫溪九曲敢用晦菴先生武夷櫂歌十首韻」

2곡 공암孔巖은 쌍계에서 600m 정도 횡계를 따라 상류로 올라간 지점에 있다. 시냇가 바위에 구멍이 많이 나 있어 공암이라 한다. 전설에 의하면 공암에 살고 있는 이무기가 이 바위 구멍을 통해 산 너머의 옥계를 오갔다고 한다. 그런데 두 사람의 문집을 보면 2곡의 공암은 단순한 구멍 바위가 아니라 공자를 상징하는 바위임을 알 수 있다. 아래는 두 사람이 지은

모고헌

모고헌 현판

▲ 모고헌에서 내려다본 계곡

▼ 모고헌 항공촬영

시 「아니산阿尼山」이다.

니산은 만고에 우뚝한데, 尼山萬古立
그 아래 공암이 있네. 其下孔巖存
후학은 다만 우러러보기만 하고, 後學徒瞻仰
문하에 미치지 못함을 탄식하네. 還嗟未及門

『훈지집』 권2, 시, 「아니산」

횡계구곡에서 공암은 일반적인 바위가 아닌 공자 바위로 설정되어 학문에 정진하는 후학들이 바라보며 자신을 되돌아보는 계기로 삼게 했다. 현재의 공암은 도로를 내면서 많이 파손되어 아랫부분만 남게 되었다. 본래 모습이 많이 훼손되었는데, 옛날에는 횡계 가에 공암이 높이 솟아 있고, 뒤로 이남산尼南山이 있어 아름다운 경관을 이루었다고 한다.

이곡이라 잔잔한 물 여러 봉우리 벌여 있고, 二曲潺湲列數峰
공암 바위 빛은 유난히 의연한 모습이네. 孔巖巖色別修容
산허리에 길이 걸려 그윽하고 빼어난데, 山腰路卦添幽絶
인간 세상 돌아보니 몇 겹이나 막혔네. 回首人間隔幾重

『훈지집』 권6, 시, 「橫溪九曲敢用晦菴先生武夷櫂歌十首韻」

3곡 태고와太古窩는 정규양이 35세 되던 해인 1701년 홍류담 가에 건립한 누각이다. 1730년에 제자들이 개축한 뒤 모고헌慕古軒이라 불렀다. 스승에 대한 그리움이 묻어난다. 정면 2칸 측면 2칸의 정사각형 평면구조에 팔작지붕을 올린 건물로 가운데에 작은 방을 두고 사방으로 마루를 둘렀다. 계곡 쪽 한 면에만 계자난간을 두르고 나머지 3면은 막아서 판문을 단 독특한 구조이다.

정자 뒤에는 300년이 넘은 향나무 한 그루가 자라고 있다. 당시 정각사라는 절의 승려가 준 두 그루 중의 하나이다. 다른 한 그루는 호수종택에 지금도 잘 자라고 있다고 한다. 모고헌 뒤 산쪽으로는 횡계서당橫溪書堂이 위치해 있다. 후학을 기르기 위해 1716년에 건립한 진수재進修齋이다. 형제가 세상을 떠난 뒤 1737년경부터는 사우로도 기능하였으나 고종 때 전국적으로 서원 및 사우가 훼철될 때 폐지되었다. 지금은 횡계서당 현판을 단 강당 한 동과 동재가 자리잡고 있다.

태고와 앞의 홍류담은 물의 깊이가 제법 깊어 형제가 살던 당시에는 배를 띄울 만했다. 실제 두 사람은 이곳에서 작은 배를 띄우기도 했다. 모고헌 하천 암벽에 도화동桃花洞이라고 암각되어 있다.

삼곡이라 깊은 제방 배를 띄울 만하고,	三曲深堤可汎船
움집 중 태고와는 몇 년이 되었는가.	窩中太古是何年
진수재의 한 일은 모름지기 서로 힘씀이니,	進修一事須相勉
수많은 영재를 나는 가장 사랑하네.	多少英才我最憐

『훈지집』 권6, 시, 「橫溪九曲敢用晦菴先生武夷櫂歌十首韻」

▲ 횡계서당

▼ 홍류담

4곡 옥간정玉磵亭은 정만양의 정자이다. 정면 3칸, 측면 4칸 반의 'ㄱ' 자형 누각 건물로 1716년에 지은 강학당이다. 도로 쪽에 작은 문이 있지만 입구는 계곡 쪽 내리막길에 있다. 수백 년 된 느티나무가 오른쪽 언덕에서 계곡 쪽으로 거의 수평으로 누워 차양처럼 드리워져 있다. 정자 앞 계곡 쪽에는 단을 쌓아 조성한 정원이 있다. 은행나무, 배롱나무, 탱자나무 등이 듬성듬성 자라고 있다. 300년 된 은행나무는 전염병이 돌 때 열매로 떡을 해 먹으면 병이 예방된다는 전설을 가졌다.

옥간정이 자리한 계곡은 맑은 물이 제법 머무르는 곳이 있다. 가득 찬 다음에야 다른 곳으로 흐른다는 뜻으로 영과담盈科潭이라 했다. 주변의 언덕과 바위에는 이름을 붙였다. 옥간정의 남쪽 언덕을 격진병隔塵屛이라 하고 그 밑의 대를 광풍대光風臺라 하였다. 바위에 새겨진 '光風臺' 세 글자를 확인할 수 있다. 광풍대 서쪽을 지어대知魚臺, 동쪽에 있는 것을 제월대霽月臺라 하였다. 바위 사이를 막아 작은 연못을 만든 뒤 뗏목을 타고 거문고를 켜기도 하고 낚시를 즐기기도 했다고 한다.

사곡이라 광풍 제월 바위이니,	四谷光風霽月巖
바위 가에 꽃과 나무 그림자 드리웠네.	巖邊花木影毿毿
군자가 글을 이루는 일 알고자 한다면,	欲知君子成章事
이 못에서 물이 채워짐을 보아야 하리라.	看取盈科此一潭

『훈지집』 권6, 시, 「橫溪九曲敢用晦菴先生武夷櫂歌十首韻」

옥간정

옥간정 현판

▲ 옥간정 입구

▼ 옥간정 아래 계곡

와룡암

5곡 와룡암臥龍巖은 옥간정에서 150m 정도 상류에 위치해 있는 길쭉한 바위이다. 정규양이 처음 횡계리로 들어와 이곳에 작은 집을 지어 육유재六有齋라고 하였다. 현재 횡계리 다리 밑인데, 계곡 왼쪽의 넓은 바위가 와룡암이고, 오른쪽에는 제법 가파른 바위와 오래된 느티나무가 있다.

오곡이라 구불구불 경계가 더욱 깊고,	五曲逶迤境轉深
와룡암 위에는 푸른 숲이 덮여 있네.	臥龍巖上覆青林
구름을 일으켜 비 내림은 너의 일 아니니,	興雲作雨非渠事

완연히 자재의 마음에 맡겨 놓을지로다.　　　任是頑然自在心

『훈지집』 권6, 시, 「橫溪九曲敢用晦菴先生武夷櫂歌十首韻」

6곡 벽만碧灣은 와룡암에서 350m 정도 상류에 위치해 있다. 이름 그대로 바위 사이로 푸른 물이 흐르는 굽이를 가리킨다. 계곡 왼쪽에는 넓은 반석이 길게 자리해 있고, 오른쪽에는 높다란 바위가 있는데, 그 가운데로 시냇물이 흐르고 있다.

육곡이라 바위 사이 푸른 물굽이 흐르고,　　　六曲巖間漱碧灣
농부는 나무 깎아 산문에 걸쳐 놓았네.　　　農人刳木駕山關
무더운 날씨 삽을 메자 물결 비가 되니,　　　炎天荷鍤波成雨
시냇물이 다만 등한하다 말하지 말라.　　　休說溪流只等閒

『훈지집』 권6, 시, 「橫溪九曲敢用晦菴先生武夷櫂歌十首韻」

7곡 신제新堤는 계곡에 놓인 작은 제방이다. 정만양 형제가 살던 시절에 새로 쌓은 제방이 있었기에 신제라 하였을 것이다. 일제강점기에 기존의 제방이 있던 지점에 둑을 막아 저수지를 만들었고, 1975년에 현재의 횡계저수지 모습으로 재정비하여 오늘에 이르고 있다. 저수지 수로 부분에 기이한 바위가 더러 남아 있어 이곳이 신제였음을 짐작하게 한다.

칠곡이라 새 제방은 칠 리의 여울이고,　　　七曲新堤七里灘
곳곳에 기이한 바위는 올라 볼 만하네.　　　奇巖處處可登看

횡계저수지

우거진 숲 분에 넘치게 깊이가 바다 같아, 穹林分外深如海
오월에도 흉금이 눈처럼 차갑게 느껴지네. 五月胸襟雪碗寒

『훈지집』 권6, 시, 「橫溪九曲敢用晦菴先生武夷櫂歌十首韻」

8곡 채약동採藥洞은 횡계저수지 끝의 오른쪽 건너편에 보이는 소나무가 많은 산발치 지점으로 추정된다. 횡계저수지가 축조되기 전까지만 해도 사람들이 밭을 일구며 살았다고 하는데, 현재는 수몰되어 그 모습을 온전하게 보기는 어렵다.

팔곡이라 안개가 낮에도 개지 않으니, 八曲煙嵐晝未開

가파른 언덕 높은 곳에서 도는 물을 내려다보네. 斷岸高處瞰潆洄
소나무 아래서 번거롭게 서로 묻지 마라, 休從松下煩相問
깊은 산에서 약을 캐어 달을 이고 돌아오리라. 採藥深山帶月來

『훈지집』 권6, 시, 「橫溪九曲敢用晦菴先生武夷櫂歌十首韻」

마지막 9곡 고암高菴은 채약동에서 산길을 따라 500m 정도 올라간 지점인데, 지금은 집 터만 남아 있다. 고암은 고산사高山社를 의미하는데, 정씨 형제가 고밀곡高密谷 안에 세워 제자들과 왕래하며 학문을 위한 장소로 삼았던 곳이다. 이 고산사를 고밀서당이라 하였고, 서당이 자리했던 굽이를 서당골이라 한다.

구곡이라 고암에서 아득히 바라보니, 九曲高菴望鬱然
숲 끝의 폭포 물이 앞 내를 달려가네. 林端懸瀑走前川
응당 이것은 깊고 깊은 동천으로 가니, 應知此去深深洞
삼십 동천 중에 제일 동천이라네. 三十天中第一天

『훈지집』 권6, 시, 「橫溪九曲敢用晦菴先生武夷櫂歌十首韻」

이상과 같이 정만양은 동생과 함께 횡계의 산과 내를 관리하며 성정을 닦았다. 정만양은 이 구곡에서 여유롭게 지내며 주체할 수 없는 흥취에 빠졌다. 그 흥취는 주자가 무이구곡에서 가졌던 흥취와 다르지 않았을 것이다. 따라서 정만양은 주자의 고귀한 삶을 횡계에서 그대로 구현하고 싶은 마음을 숨김없이 드러낸 것이다. 영남 남인으로서 관직에 나아가 능력을 펼치기가 쉽지 않은 현실에서 정만양이 할 수 있는 일은 하늘로부터 받은 맑은 성정을 자연 속에서 청정하게 유지하는 것이었다. 그렇다고 세상을 향한 눈을 감은 것은 결코 아니었다. 그는 지식인으로서의 책무를 다하기 위해 국정의 난맥상, 백성들의 고통에 대해서도 관심을 가지고 있었다.

---

4) 정만양의 삶에 대한 서술은 우인수, 『조선후기 영남 남인 연구』(경인문화사, 2015, 111-153쪽)를 참고하여 이 책의 취지에 맞게 가감하고 보완하였다.

5) 이하 정만양 형제의 이기론과 예론에 대한 서술은 최영성, 「정만양 · 규양 형제의 학문과 사상 - 훈지사상의 형성 및 기호학파와의 학문적 교류를 중심으로-」(『동방한문학』 28, 동방한문학회, 2005, 87-101쪽)의 내용에 의거하여 이 책의 취지에 맞게 가감한 것이다.

6) 이하 무신란에 대한 서술은 우인수, 『조선후기 영남 남인 연구』(경인문화사, 2015, 145-150쪽)에 의거하였다.

7) 이하 창의록에 대한 서술은 우인수, 「영천의 '사난四難' 창의와 포은정신 -임고서원의 포은 숭모와 관련하여-」(『포은학연구』 20, 포은학회, 2017)에 의거하였다.

8) 횡계구곡에 대한 서술은 김문기 · 강정서, 『경북의 구곡문화』(경상북도 · 경북대학교 퇴계연구소, 2008, 207-245쪽)를 참고하여 가감하였다.

제3장

정만양·규양 형제의 국정 개혁론

영남 남인들은 숙종 대 중반 이후로는 집권세력에서 완전히 밀려나 지방의 재야세력으로 존재하였다. 서울 주변의 상공업 발달과 도시화 양상을 몸으로 체험하지 못하는 데서 오는 한계는 있었을 것이다. 하지만 그들은 집권당보다 더 원론적인 차원에서의 개혁을 주장할 가능성이 있었다고 본다. 영남 지역에도 방법론이나 정도의 차이는 있었지만, 당시 사회의 변화를 촉구하는 개혁 지향적 분위기가 형성되어 있었음을 의미한다.

정씨 형제의 학문에서 무엇보다 주목할 만한 것은 경세론에 대한 관심이다. 퇴계학파의 경우 경세론에 대한 관심은 이현일 형제에게서 고조되기 시작하였는데, 정씨 형제가 이를 계승하면서 발전시켰다고 할 수 있다. 이러한 학문을 바탕으로 그들은 퇴계학파를 잇는 갈암학파의 일원으로 영남 남인 내에서 큰 족적을 남길 수 있었다. 그들이 제시한 개혁안은 「치도의설治道擬說」에 집약되어 있는데, 크게 전정, 군정, 공거 등 세 가지로 나누어 각각에 대한 중국과 우리나라의 예를 자세하게 살핀 다음 그를 토대로 하여 자신들의 개혁안을 제시하였다.[9]

영남 남인 학자로서 제도에 대한 개혁안을 지식인의 관심사로 삼아 깊이 연구한 점은 후대에 남긴 큰 정신적 자산이라 할 만하다. 물론 정만양의 인식이 당시 영남 남인 전체의 경향을 대표할 수는 없겠지만 적어도 그러한 인식을 가진 학자가 영남 남인 중에 있었다는 사실은 의미하는 바가 적지 않다고 본다. 이 개혁안은 영조 초년 당시 소론 집권당의 핵심 인물이었던 경상도관찰사

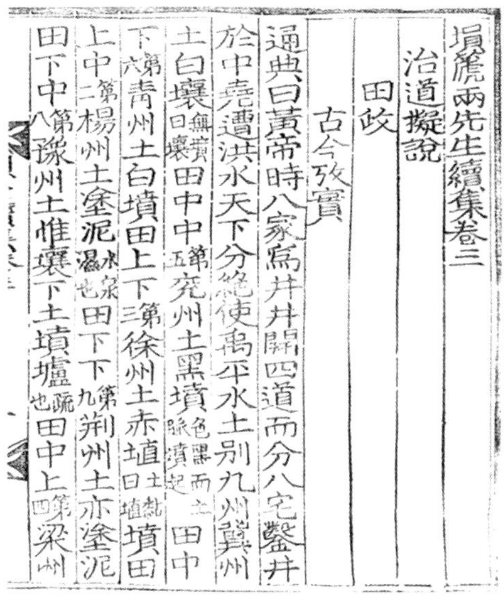

塤篪兩先生續集卷三

治道擬說

田政

古今攷實

通典曰黃帝時八家爲井井開四道而分八宅鑿井於中堯遭洪水天下分絕使禹平水土別九州冀州土白壤(無塊曰壤)田中中(第五)兗州土黑墳(色黑而土脈墳起)田中下(第六)青州土白墳田上下(第三)徐州土赤埴(土黏曰埴)墳田上中(第二)揚州土塗泥(水泉濕也)田下下(第九)荊州土亦塗泥田下中(第八)豫州土惟壤下土墳壚(疏也)田中上(第四)梁州

「치도의설」(한국국학진흥원 제공)

조현명이 정규양을 방문한 것을 계기로 그를 통해 관계 요로에 알려지기도 하였다. 형제는 평생을 은둔생활로 일관하였지만 세상에 대한 관심과 현실을 보는 눈은 날카롭게 살아 있었던 것이다.

정만양·규양 형제의
국정 개혁론

1 토지제도 개혁론

정만양·규양 형제는 중국과 우리나라의 역대 토지제도에 대한 면밀한 검토와 이해의 토대 아래 개혁안을 구상하였다. 특히 그들은 중국 삼황오제의 유제遺制로부터 명대의 토지제도에 이르기까지 중국의 역사에서 시행되었거나 주장된 바 있던 여러 가지 토지안들의 득실을 논하면서 비판적으로 검토하였다. 아울러 토지제도와 밀접한 관련을 가졌던 제반 사항들, 예컨대 조세제도를 위시하여 토지 면적의 단위, 토지의 등급, 호구의 총수 등의 시대별 특징과 그 변화상을 꼼꼼하게 파악하여 이해의 깊이를 더하였다.

전체적으로 볼 때 그들은 여느 유학자와 마찬가지로 하·은·주 삼대의 토지제도를 가장 이상적인 것으로 생각하고 있었다.

삼대의 토지제도인 정전제井田制는 토지국유제에 입각하여 국가가 토지에 대한 소유권을 가지고 각 개인에게 일정한 토지를 나누어 주던 형태였다. 그 이후 일시적으로 치세를 이룬 적도 있지만 대체로는 그 이상의 시대가 허물어져 간 것으로 파악하였다. 이는 근본적으로 개인에 의한 토지의 사점私占이 허용되면서 매매의 권한을 개인이 가지게 된 데서 비롯된 현상이었다고 인식하고 있었다.

그들이 중국의 토지제도 중에서 우리나라에 접목시켜 실현할 수 있다고 보아 주목한 것은 한전제限田制였다. 정전법이 폐지된 후 중국에는 개인의 토지 사유가 만연하여, 개인의 토지 매매를 국가가 막지 못하는 지경에 처하게 되었다. 이에 따라 강한 자가 토지를 겸병하는 길이 열리면서 나라의 근본이 흔들리게 되었다는 것이다.

조선 후기에 제시된 토지제도 개혁안들은 대개 정전제, 균전제, 한전제의 큰 틀 속에서 제기되었다. 이들 개혁안의 가장 근본적인 입론 차이는 토지를 국가에서 지급할 것을 전제로 하고 있는가의 여부라고 할 수 있다. 정전제와 균전제는 국가에서 토지를 지급함을 전제로 하였지만, 한전제는 그것이 불가능함을 전제로 하였다.

한전제는 입론의 출발점부터가 정전제나 균전제와는 달랐다. 국가에서 토지를 지급하는 것이 현실적으로 어느 정도 가능할 것인가에 대한 인식의 차이에서 비롯된 것인데, 한전제를 주장하는 사람들은 토지의 사유화가 이미 수천 년 이어져 온 만큼 그것이 불가능하다고 전제하고 있는 것이다. 따라서 한전제는 좀 더 점진적이고 온건한 개혁안이라고 할 수 있다.

대지주의 토지 겸병을 근본적인 병통으로 보았을 때 이를 막을 수 있는 방법으로 전한의 무제 때 동중서가 제안한 것이 바로 한전제였다. 한전제는 토지 소유의 상한선을 설정하여, 점진적으로 토지의 균분을 유도하는 개혁안이다. 즉 부자들로 하여금 토지를 일정 이상 소유하지 못하게 함으로써 겸병의 통로를 막자는 것이었다. 한전제는 지주제 자체를 당장에 부정하는 것은 아니지만 대토지 소유제를 개혁함으로써 궁극적으로 농촌사회와 국가 경제의 안정을 도모하고자 한 것이었다. 정씨 형제는 한전제야말로 조선 후기 당시 토지제도의 모순을 치유할 수 있는 가장 효율적이고 실행 가능한 현실적인 방안이라고 생각하였다. 그들은 정전제에 근사하면서도 족히 백성의 곤궁함을 소생시키는 것으로 한전만 한 것이 없다고 평가한 송대 소순의 말을 소개하면서 상당한 자신감을 보였다.

이 시기 농촌에 거주하는 사람들의 토지 소유 상황을 정확하게 파악하고 있던 농촌의 지식인이 토지 소유에 제한을 가하여 몰락하는 농촌 구성원들을 구제하여야 한다는 생각을 하게 된 것은 어쩌면 자연스런 현상이었다고 하겠다. 정만양은 천하에 빈민이 없도록 하는 것이 중요하며, 그것만 가능하다면 정전이든 정전이 아니든 그것은 문제가 되지 않는다고 하면서 몰락한 빈농층의 구제를 토지제도 개혁의 주된 목표로 내세웠다. 이는 그가 당시 사회에 만연하고 있던 빈농층 구제에 주목적을 두고 개혁안을 구상하였음을 알려 준다. 그 빈농층에 양반·평민·천민을 막론하고 몰락한 농촌 구성원이 모두 포괄되었음은 물론이다.

정씨 형제는 당시 농촌의 현실을 충분히 감안하여 한전제를 농촌문제의 해결책으로 제시하였다. 그들은 한전제의 편리함을 아래와 같이 네 가지로 정리하였다.

첫째는 토지를 획정하기 위해 백성을 이동시키는 번거로움 없이 토지를 균등하게 할 수 있다는 점을 들었다. 이는 토지를 국가에서 지급하는 정전제의 경우에 반드시 발생할 수밖에 없는 문제점을 고려한 것으로 한전제의 장점이라고 하겠다.

둘째는 백성이 자기에게 나누어지는 토지를 기다리지 않고도 각자 그 업을 얻을 수 있다는 점을 지적하였다. 이 역시 정전제의 번거로움을 고려한 것으로 이미 사유제가 광범하게 시행되고 있는 현실을 십분 고려한 점이라고 하겠다.

셋째는 토지에 대한 관할권이 관에 있게 된다는 점을 지적하였다. 비록 소유권은 이미 개인에게 있지만 그 상한선을 설정함으로써 관이 소유의 한도를 통제할 수 있으며, 특히 도망자나 대가 끊어진 집의 토지에 대한 처분이 관청에 일임되므로 관의 관할권을 강화할 수 있었다.

넷째는 백성들이 서로 다투지 않게 된다는 점을 제시하였다. 한전법의 규정을 엄하게 시행함으로써 토지 가격의 하락을 유도

할 수 있고, 이에 따라 토지를 원하는 사람들은 적절한 가격에 토지를 가질 수 있게 되는 것이다. 이는 불만의 요인이 되는 빈부 격차를 줄임으로써 갈등을 최소한으로 줄일 수 있다는 뜻이다.

그는 한대 동중서에 의해 한전법이 제시된 이래, 역대 중국의 토지제도들이 각론에 있어서는 약간씩 차이가 있지만 전체적으로 볼 때 한전제의 취지에서 크게 벗어나지 않았다고 평가하면서 한전제의 타당성에 대해 강한 자신감을 가졌다. 비록 중국의 한전제에서 그 개념을 가져왔지만 중국의 한전제를 무조건 따른 것은 아니었고, 이를 우리나라 실정에 맞게 다듬었다. 그 구체적인 내용을 살펴보면 다음과 같다.

첫째, 우리나라 관료제와 신분 관념을 고려하여 토지 소유의 상한선을 차등적으로 설정한 것이다. 그는 관료의 경우 품계에 따라 크게 4등급으로 나누어 차등을 두었다. 즉 토지 소유의 상한선을 1·2품의 경우 40결, 3·4품의 경우 15결, 5·6품의 경우 10결, 7·8·9품의 경우 6결로 제시하였다.

각 관품에 따른 상한선 산출 근거가 무엇인지는 구체적으로 밝혀 두지 않아 잘 알 수 없다. 다만 최고 관료인 1품·2품관의 토지 소유 상한을 40결로 제한한 것은 존귀함에 대한 의리로는 부족한 것 같이 느껴질 수도 있으나 산이 많고 땅이 좁은 우리나라의 형편을 고려한 것이라고 하였다. 3·4품의 상한선은 1·2품의 약 38%, 5·6품의 상한선은 3·4품의 67%, 7·8·9품은 5·6품의 60%에 각각 해당된다. 이러한 차감률을 통해 볼 때 그래도

1·2품은 상대적으로 특별히 높은 대접을 받게 하였음을 알 수 있다.

둘째, 사족에 대한 배려를 지적할 수 있다. 사족의 경우 토지 소유의 상한선을 7–9품 관료와 같은 액수인 6결로 잡았다. 관료후보군인 사족을 하급 관료와 동일시한 것이다. 이는 사족의 입장을 강하게 옹호한 것으로 이해할 수 있겠다. 아마 그 자신이 속한 사족에 대한 자부심의 표현일 수도 있을 것이다. 사족을 중시한 면은 일반 평민들과 비교할 때 더욱 잘 드러난다.

서민 남자의 경우 25부, 서민 여자의 경우 10부를 상한선으로 제시하였다. 적용 대상이 되는 연령은 16세에서 20세 사이로 규정하고 있다. 서민을 남녀로 나누어 상한선을 설정한 것이나 그 구체적인 액수, 그리고 지급 대상이 되는 연령 등은 모두 명대의 배정전법配丁田法에서 따온 것이라고 생각된다.

위의 규정만으로는 사족과 일반 서민의 차이를 쉽게 대비시켜 이해하기 어렵다. 왜냐면 서민의 경우는 여자가 소유 대상에 들어 있는 데 비해 사족의 경우는 여자가 제외되어 있기 때문이다. 그런데 서민의 경우 한 가구당 1결을 초과하지 못하도록 한 또 다른 규정이 있기 때문에 이 기준을 도입하여 가구당 상한선을 비교해 볼 수는 있다. 사족의 경우 6결이 한 가구당 토지 소유 상한선이라는 명확한 논급은 없으나 대개 가정을 이루고 사는 사족 한 가구의 상한선으로 이해해도 큰 무리가 없을 것이라는 판단이다. 그렇게 이해했을 경우 토지 소유의 상한선을 비교하면 사족 가구는 6결, 서민 가구는 1결로 나타나는 셈이어서 사족의 경우가 서민의 그것보다 최소 6배 이상이 된다. 다만 당시 사족들이 소작인들을 활용한 병작반수제에 의존하였음을 감안한다면 실제 수입은 병작반수를 한 만큼 줄어들기 때문에 서민과 비교한 경제규모의 배수도 그만큼 줄어든다고 볼 수 있다.

이는 그의 토지제도 개혁안이 사족을 중시하고 있었음을 보여 준다. 사실 그는 사족을 서민과 달리 취급할 것을 주장함으로써 사를 중시하는 입장을 분명히 하였다. 선비는 예로부터 국가의 원기였으며, 국가에서 뽑아 등용한 근본이기 때문에 오로지 독서에 전념하게 하여 세상의 쓰임에 응할 수 있도록 해야 한다는 것이 그 이유였다.

셋째, 남자를 중시하는 사고가 그들 한전법의 저변에 깔려 있다는 점을 특징으로 지적할 수 있다. 조정에서 남자를 귀하게 여겨 여자보다 더 많은 토지를 보유할 수 있는 자격을 줌으로써 그들로 하여금 군역과 요역의 번거로움을 기꺼이 감수하게끔 만들자는 것이었다. 이는 일반 서민들이 군역과 요역을 피할 목적으로 장정을 호적에서 탈루시키는 현상을 미연에 방지하기 위한 방안이었다. 이로써 국가는 장정을 충분히 확보하는 소기의 목적을 달성할 수 있을 것으로 생각하였다.

넷째, 토지를 재는 단위로 결부법結負法을 그대로 사용하자고 한 점을 들 수 있다. 우리나라의 경우 신라 이래로 결부법을 사용한 현실을 감안할 때 굳이 경무법頃畝法으로 바꾸어 대혼란을 자초할 필요가 없다는 것이 그 이유였다. 결부법의 결이 경무법의 경과 맞먹는 것으로 간주하여 추진한다면 여기에서 비롯되는 커다란 혼란과 거부감을 해결할 수 있다고 하였다. 우리나라의 현실을 십분 감안하는 융통성을 발휘하여 실현 가능성을 높인 부분이다.

다섯째, 성균관·향교·서원 등 교육기관의 토지 소유 상한선도 주부군현에 따라 차등 있게 설정되었다. 성균관 500결, 주부의 경우 향교 10결·사액서원 7결·향현사 5결, 군의 경우 향교 7결·사액서원 5결·향현사 3결, 현의 경우 향교 5결·사액서원 3결·향현사 2결 등이었다. 서원에 대해서는 근세 이래 비록 분쟁의 폐단이 있으나 선비들이 모여 쉬는 장소이자 인재의 성취한 바가 모두 여기에 있었다며 상당한 애정을 드러냈다.

여섯째, 사찰에도 소유의 상한선을 설정하였다. 대찰 1결 50부, 중찰 1결, 소찰 50부였다. 사찰에 토지의 소유를 허용한 것은 부처를 공양하기 위한 것이 아니라 사찰이 종이를 생산하는 역을 담당하고 있기 때문이라고 하였다.

일곱째, 토지에 대한 국가의 관할과 통제권을 강화하였다. 규정된 상한선 이상의 토지를 소유한 자는 시행일 이후 더 이상 토지를 매입할 수 없으며, 상한선 이하의 토지를 가진 자에 한해 토지의 매입을 허용한다고 하였다. 그리고 개인의 사사로운 토지 매매를 금할 것과 부득이한 경우에는 관청의 허락을 얻어야 할 것을 규정하였고, 유망流亡한 자의 토지는 몰수하여 관청의 주관하에 잔약한 백성에게 나누어 줄 것을 규정함으로써 관청의 토지에 대한 통제력을 강화시켰다.

여덟째, 경과조치를 마련하여 점진적이면서도 확실하고 엄정하게 일이 추진될 수 있도록 세심하게 배려하였다. 즉 상한선 이상의 토지를 가진 자가 상한선 이하로 토지를 감소시키는 유예기간을 3년으로 하였다. 그러나 만약 3년 이내에 감소시키지 않은 자가 있으면 마땅히 벌을 주고, 6년이 지나도 규정된 한도 내로 감소시키지 않으면 그 토지를 몰수케 하였다. 결국 그가 구상한 한전제의 효과는 시행일로부터 3-6년 후부터 확실히 나타날 수 있도록 하였던 것이다. 이와 같이 목표 달성 연한을 6년으로 한 것과 국가 권력으로 강제한 것은 당시 토지제도를 둘러싼 모순의 해결이 시급함을 반영한 것이라고 하겠다.

유예 기간은 넉넉하게 잡되 법령은 엄히 적용한다면 점차 부자들이 토지를 팔려고 내어놓아 토지 가격이 하락하게 될 것이고, 그러면 가난한 이들은 낮은 가격에 자신의 토지를 구입할 수 있게 될 것으로 예상하였다. 그 결과 몇 년 안에 거의 모든 가구가 자신의 토지를 가지고 생업을 영위할 수 있을 것으로 전망하였다.

형제의 토지 개혁 구상의 핵심 내용은 개인의 토지 소유권을 극도로 축소시키고, 토지에 대한 국가의 관리 권한을 대폭 강화하는 것이었다. 소유의 상한선을 설정하여 개인의 무제한적인 소유욕을 억제하고 통제할 뿐 아니라 이를 통해 균산을 도모함으로써 건강한 자영농에 근간을 두고자 한 것이었다. 한전제를 통해 강조한 것은 분배를 감안한 평준화된 서민들의 생활, 사족의 특권이 인정되는 사회, 토지에 대한 통제력이 강한 국가 등으로 요약될 수 있을 것이다.

정만양 형제의 한전제가 다른 학자들이 주장한 한전제와 어떤 차이점을 가지고 있었는가를 비교하면 그 특징과 의의가 더 잘 드러날 것이다. 비교 대상은 조선 후기에 한전제를 주장한 바 있는 저명한 학자들로 정제두鄭齊斗(1649–1736), 이익李瀷(1681–1763), 한원진韓元震(1682–1751), 박지원朴趾源(1737–1805) 등이다. 이들 주장의 주요 특징을 내용별로 비교 검토하면 다음과 같다.

첫째, 제한의 성격과 관련한 것이다. 한전제는 토지 소유액에 제한을 가하여 국가 경제의 안정을 추구하려는 제도였다. 정제두·한원진·박지원 등과 같이 소유액의 상한선을 설정한 경우도 있었고, 이익과 같이 하한선을 설정한 경우도 있었다. 전자는 토지 소유의 상한선을 설정하여 대토지 겸병을 억제하고 토지제도의 이상을 실현코자 한 것으로 대부분의 논자들이 추구한 방향이었다. 반면 후자는 토지 소유의 하한선을 설정하여 최소한의 생계유지를 가능하게 함으로써 농민의 몰락 방지를 우선 과제로 삼은 독특한 것이었다. 정만양의 경우는 대부분의 개혁론자들과 마찬가지로 토지 보유액의 상한선을 설정하는 방향에서 한전제를 제안하였다.

둘째, 토지 소유 상한선의 구체적 액수와 관련한 것이다. 토지 보유의 상한선을 설정하였다면 구체적으로 그 액수를 어느 정도로 상정하였는가가 그 개혁안의 성격을 규명할 수 있는 중요한 부분이다. 한전제를 주장한 이들 중에도 상한선을 구체적으로 제시한 이는 많지 않았다. 이는 원론적인 주장의 차원에서 한 단계 더 진전된 논의로 발전시킨 경우가 드물었기 때문이다. 제시된 기준의 방식도 약간씩 차이가 있기 때문에 상호 비교할 때 세심한 주의를 요함은 물론이다.

정만양은 양반 사족의 경우 상한선을 6결로 잡았고, 일반 농민은 남자와 여자로 구분하여 남자의 경우 25부, 여자의 경우 10부로 정하였다. 이는 사족의 입장을 많이 감안한 주장으로 사족과 평민 간 상한선 액수의 차이가 상당히 많이 남을 알 수 있다. 정제두는 민전의 경우 1호당 3결을 상한선으로 설정하였으며, 이미 3결이 넘는 경우 감할 것을 요구하지 않고, 미달인 호는 이후 상한선을 초과하지 못하도록 규제하는 방식을 주장하였다. 한원진은 상한선의 액수로 양반 사대부의 경우 10결, 서민의 경우 5결을 제시하였다. 양반과 평민을 구별하여 상한선을 설정한 점, 양반에게 평민의 배 정도의 상한선을 설정한 점이 특징으로, 중소 지주층의 이익을 대변하는 개혁안이었다고 하겠다. 박지원은 균전을 목표로 하여 그 수단으로서의 한전제를 주장하였는데, 상한선의 구체적인 액수는 제시하지 않았다. 다만 사대부는 일반 농민보다 후하게 지급할 것을 주장하였는데, 이는 정만양과 비슷한 논리였다고 하겠다.

셋째, 신분의 차이가 토지 소유액의 설정에 영향을 미치고 있는가의 문제이다. 보유의 상한선 설정에 대한 설명에서 이미 짐작되었겠지만 상한선 액수의 설정에 있어 신분의 차이가 인정되고 있는가 여부를 살펴보는 것도 개혁안의 성격을 파악하는 데 도움이 될 것이다.

정만양의 경우는 신분의 차이에 따른 상한선 액수의 차별을 인정하고 있으며, 그 정도는 6배 정도 되었다. 양반 사족은 평민과 달리 취급해야 한다는 점을 강조하며 설정한 토지 소유 상한액의 차이가 좀 크게 느껴진다는 점은 한계로 지적될 수 있다. 그들이 일반 농민들의 생활 안정을 위한 방안에 소홀한 것은 결코 아니었지만 지배 신분층의 입장에 서 있었음을 보여 주는 것이다. 차별을 인정하는 것은 다른 학자들도 마찬가지였다. 한원진의 경우도 사족을 우대해야 된다는 논리를 폈고, 이익의 경우도 토지의 상한선을 설정하지 않고 무제한적으로 소유할 수 있는 길을 열어 놓아 실질적인 측면에서는 신분의 차이를 용인하고 있다고 할 수 있다. 그리고 박지원도 구체적인 액수를 제시하지는 않았지만 사대부는 평민들보다 후하게 대하여야 한다고 하여 신분에 따른 차별을 용인하고 있다. 다만 정제두는 신분제 개혁을 전제로 한 토지제도개혁을 주장한 것으로 보아 신분제에 따른 차별을 인정하지 않은 듯이 보인다.

넷째, 본격적인 시행에 앞서 경과조처로서 유예기간을 어떻게 처리하였는가, 즉 가시적인 효과가 나타나기까지 소요되는 기간을 어느 정도로 예상하고 있었는가 하는 점이다. 박지원의 경우는 자신의 안에 따르면 몇 십 년이 흐른 뒤에는 토지의 균등을 이룬다고 보았으며, 정제두는 백 년 정도를 기한으로 잡아 좀 더 느긋한 주장을 하였다.

이에 비해 정만양은 한전제의 실시 이후 3년의 유예기간을 두었고, 6년 이후에는 제한 이상의 토지를 몰수한다고 하여 늦어도 실시 6년 후에는 효과가 확실하게 나타나도록 구상하고 있었다. 한전제를 주장하는 다른 사람들에 비해 구체적이고도 정교하게 논의를 구상하였으며, 한전제 개혁안 중에서는 좀 더 빠른 시간에 효과가 나타날 수 있는 안을 제시하는 적극성을 가지고 있었다고 하겠다.

이상의 비교 내용을 토대로 하여 여러 학자들 상호 간의 공통점과 차이점을 간략히 살펴보면 다음 표와 같이 정리할 수 있다.

한전제를 주장한 학자들의 견해 비교

항목 \ 학자	정만양	정제두	이익	한원진	박지원
지주제 존속 여부	유지	유지	유지	유지	유지
토지 분급 여부	분급 않음	분급 않음	분급 않음	분급 않음	분급
상한선 설정	설정	설정	설정 않음	설정	설정
사족 상한선	6결	구분 없이 1호당 3결	설정 않음	10결	농민보다 우대
평민 상한선	丁男 25부, 丁女 10부, 1호당 1결	구분 없이 1호당 3결	설정 않음	5결	구체적 액수 제시 않음
하한선 설정	설정 않음	설정 않음	1호당 1경	설정 않음	설정 않음
목표 달성 연한	6년	100년	수세대	설정 않음	몇 십 년
토지 단위	결부	결부	경무	결부	결부

정만양 형제가 한전제를 통해 강조한 것은 분배를 감안하여 평준화된 평민들의 생활, 사족들의 특권이 인정되는 사회, 토지에 대한 통제력이 강한 국가 등으로 요약될 수 있다. 그들의 한전제는 한전제를 주장한 여러 학자 중 가장 구체적인 안을 체계적으로 제시하여 실현 가능성을 높인 데 의미가 있다. 현실 사회의 모순에 대한 해결 방안을 모색하기 위해 고뇌하던 지식인으로서의 성실함이 돋보이는 부분이다. 당시 소론 집권당의 핵심이었던 조현명은 발문에서 '옛것에 거슬리지 않으면서 오늘날에 가히 실행할 수 있는 것'으로 높이 평가한 바 있다.

2 군정 개혁론

군정軍政에서는 군사 운영과 군포 징수에 관련된 부분이 주된 거론의 대상이었다. 두 부분은 모두 농민들의 불편과 부담의 경감이라는 데에 초점을 맞추고 있었다. 정씨 형제는 중국 역대 군정의 득실과 당시 조선 군정의 실태를 검토한 다음 군사 운영과 관련한 개혁안을 세 가지로 제시하였다.

첫째, 평상시 훈련의 단위를 초哨 단위에서 그 하부 단위인 기旗 단위로 바꿀 것을 주장하였다. 이는 초 단위의 많은 군사들을 한꺼번에 지정한 장소에 모이게 함으로써 백성들이 먼 거리를 왕래해야 하는 불편함을 방지하기 위한 것이었다. 훈련에 대한 책임은 전과 같이 초관의 통제하에 두되, 초관이 삼기三旗를 순환

하면서 무재를 점검하면 전혀 무리가 없다는 변통안이었다. 점검은 농한기에는 15일마다 한 번, 농번기에는 한 달에 한 번 꼴로 돌아오도록 하되, 극농기인 5·6월에는 오로지 농사일에만 전념케 함으로써 농민들의 편의를 최대한 보장한다는 것이었다.

둘째, 수령을 군사 운용의 실질적 책임자로 삼음으로써 군사 조발調發 과정에 발생하는 혼선을 없애자고 하였다. 당시 한 도의 군사들은 각기 순찰사군, 병수사군, 방어사군, 순변사군, 조방장군, 수령군 등으로 분속되어 있었기 때문에 유사시 군령이 여러 사람의 입에서 나옴으로써 혼란을 가중시키는 문제점을 시정하기 위한 목적이었다. 이를 시정하기 위한 방책으로 한 군현의 군사들을 모두 수령에게만 소속시키면 군사의 조발이 간편할 뿐 아니라 책임 소재도 수령에게 명확하게 지울 수 있는 장점이 있다는 것이었다.

셋째, 초관哨官을 중시하였다. 초관은 상하의 중간에서 고리 역할을 하는 중요한 위치에 있음을 강조하고, 그 사기 진작을 위한 적절한 포상 방안을 제안하였다.

다음으로 그들이 주목한 것은 군포 징수와 관련한 개혁안이었다. 군포 징수를 둘러싼 문제점은 자주 조정의 논란이 되었던 것이다. 조선 후기에 5군영 체제가 갖추어지게 되면서 양인들의 군역은 사실상 군포를 내는 부담이 되었다. 그리고 그 부담은 양인만이 지는 신역身役과 같은 성격의 것이어서, 양반들은 그 부담에서 제외되는 특권을 누리고 있었다. 자연 양인들에게만 지어진 군포의 부담에다가 징수하는 과정에서 발생하는 폐습까지 겹치면서 백성들의 고통은 날로 커지게 되었던 것이다.

이를 시정하기 위한 논의가 심심찮게 거론된 바 있는데, 이 문제는 경제적인 측면뿐 아니라 신분제와 관련된 것이어서 대단히 민감하면서도 어려운 난제였다. 당시 조야에서 거론되고 있던 군역 관련 개혁안들은 주로 호포법户布法, 구전법口錢法, 결포법結布法, 유포법遊布法 등이었다.

호포법은 징수의 단위를 인정 단위에서 호 단위로 바꿈으로써 양반 상민을 막론하고 모든 호를 징수의 대상으로 삼는 것이었다. 이는 신분제를 뒤흔들 수 있다는 비난으로부터는 비껴갈 수 있었다. 그러나 양반을 새로운 징수 대상으로 파악함으로써 그들로부터 반발을 사는 안이었다.

구전법은 모든 신분을 징세의 대상으로 한 점에서는 호포법과 같다. 다만 호포법에서 호를 등급별로 나눌 때 발생하는 기술상의 어려움을 근원적으로 해결하기 위해 호 대신 모든 장정을 징세의 대상으로 한 것이었다. 호포법과 마찬가지로 양반이 새로운 징수 대상이 된다는 점에서 그들의 반발은 여전히 해결해야 할 과제였다.

결포법은 양인 장정 1인에게 배정된 군포 2필을 1필로 줄여 그 부담을 경감시키되, 군포 총액의 부족분은 토지에 부과하여 충당하는 방안이었다. 이 안은 양반들의 특권을 건드리는 신분제적 측면에서의 문제점은 방지할 수 있었으나, 지주들의 부담이

가중된다는 점에서 역시 양반 지주들의 반발을 살 수 있는 안이었다.

유포법은 군포 징수대상에서 제외되어 한유閑遊하는 자를 대상으로 군포를 징수함으로써 군포의 부족분을 벌충하자는 안이었다. 주장하는 사람에 따라 약간의 차이가 있지만 그 대상에 일부 양반이나 유생이 포함되었기에 신분제적 측면과 경제적인 측면 양쪽에서 양반들의 반발이 제기될 수 있는 안이었다.

위의 안들은 모두 양인들의 부담을 덜어 주면서 군포 수입은 종전대로 확보하려는 방향에서 제기되었다는 공통점이 있다. 그러나 위의 여러 개혁안들에 대한 정씨 형제의 견해는 대개 부정적이었다. 현실성이 떨어진다는 것이 그 이유였다.

수십 년 기근으로 가뜩이나 여기저기로 옮겨 다니는 이가 많은 상황에서 호포법의 실시는 거주지의 이동을 더욱 촉발시킴으로써 사회적 혼란을 야기할 뿐 아니라 유민들의 몫이 고스란히 남은 사람들에게 전가되어 인징의 폐를 더욱 극심하게 할 것으로 예견하였다. 따라서 호포법이나 구전법의 실시는 백성들을 더욱 피곤하게 만들고 호구를 은닉하게 만들 것으로 예상하였다. 그것은 이미 백성들이 군역을 피곤하게 여기어 혹 남자를 여자로 만들고, 혹은 살아 있는 사람을 죽은 사람으로 바꾸어 그 분분함이 심한 현실을 고려한 것이었다.

결포법의 실시는 가뜩이나 많은 토지의 세를 더욱 가중시킴으로써 잔약한 백성들로 하여금 차라리 토지를 버리게 만들 것이라는 이유로 그 불가함을 지적하였다. 그리고 유포법은 신분제적인 명분론의 측면에서 부정되었는데, 양반 사족들이 역을 지지 않고 야인野人들과 구별된 것이 이미 오래되었으므로 갑자기 양역을 부과하여 핍박한다면 국가의 원기를 훼손시키는 일이 되기 때문에 불가하다고 본 것이다. 그 외 집자리에 대해 세금을 거두는 가대포家垈布, 상점에서 세금을 거두는 전포廛布 등도 그 실현 가능성이 없음을 이유로 비판하였다. 결국 그들은 호포, 구전, 결포, 유포법뿐 아니라 가대포, 전포 등도 모두 현실성이 없는 것으로 파악하였다.

사실 위의 안들은 모두 신분제적 명분의 측면에서 또는 경제적인 부담 증가의 측면에서 양반들의 반발을 초래하는 것들이었다. 따라서 양반 사회를 근본적으로 바꾸지 않고서는 사실상 실현이 어려운 안들이었다. 실제 어느 것 하나 제대로 시행된 적이 없었기 때문에 그들이 부정적으로 인식한 것도 무리는 아니라는 생각이 든다. 하지만 그들의 그러한 생각은 기본적으로 양반 사족의 입장에 서 있었기 때문으로 판단된다. 이 점은 정씨 형제의 한계였다.

군포 징수와 관련하여 그들은 다른 방향에서 해결책을 제시하였다. 경비를 적게 들이는 방안을 모색하여 똑같은 효과를 얻을 수 있다고 주장함으로써 발상의 전환을 요구한 것이다. 지금까지 군포를 둘러싼 많은 개혁안들이 어떻게 더 많이 효율적으로 징수할 것인가에 초점이 맞추어져 있었는데, 이런 식의 접근으로는 문제를 근본적으로 해결할 수 없다는 것이 그들의 생각이었다. 형제는 거둔 군포를 사용함에 있어 그 비용을 절감함으로써 문제 해결에 접근할 것을 강조하였다. 세금 징수와 관련한 발상의 전환이었다. 그들은 불필요한 관원을 줄이면 그로 인해 생기는 1년 소득이 군포 감축액을 감당할 수 있을 것으로 전망하였다. 아울러 군포 징수 과정에서 늘 거론되던 도량형의 문란에서 비롯되는 문제에 대한 시정도 지적하였다.

이상에서와 같이 그들의 군사 운영과 관련된 개혁안의 특징은 평상시 훈련 단위의 변경으로 농민 부담의 경감, 수령과 초관의 역할 강조를 들 수 있다. 군포 징수와 관련해서는 기본적으로 양반들의 기득권과 지주들의 권익을 유지하려는 생각을 가지고 있었다. 그렇다고 백성들의 부담을 늘려 그들에게 고통을 전가시키려는 것은 아니었다. 양쪽을 모두 만족시킬 수 있는 방안으로 그들이 제시한 것은 용관의 도태 등 비용의 절감을 통한 문제의 해결이었다. 이는 조정에서 거론되던 기존의 군포 개혁안과는 다른 시각에서 그 해결 방안을 모색한 것이라고 할 수 있다.

정만양·규양 형제의
국정 개혁론

3 인재 육성과 선발제도 개혁론

인재의 육성과 선발은 국가 운영에 있어 필수불가결한 요소라고 할 수 있다. 정씨 형제는 인재의 육성 방안, 선발 방안, 적절한 활용 방안 등의 내용을 중심으로 한 개혁안을 구상하였다. 그들은 교육이 그 목적을 과거 시험의 합격과 그를 통한 공명의 획득에 둠으로써 근본부터 잘못되었다며 당시의 현실을 비판하였다. 아울러 공부하는 방법과 요령의 부재, 과거 시험에 요행을 바라는 사람들이 몰려들어 과장이 문란해진 문제점도 지적하였다. 공거제에 대한 그들의 개혁론은 이러한 현실 비판에서 출발하여 인재의 육성 방안, 선발 방안, 적절한 활용 방안 등을 주된 내용으로 한 개혁안 제시로 이어졌다.

먼저 인재의 육성 방안에는 교육의 담당자인 훈장과 교육의 대상인 학생, 교육의 방법론에 대한 여러 방안이 포함되어 있었다. 훈장에 대해서는 학덕이 익은 사람 중에서 뽑되, 교육의 효과를 거두기 위해서는 그 존엄함을 유지하게 해 주어야 한다는 점을 특히 강조하였다. 구체적 방안으로는 감사나 수령이 훈장과 서로 만날 때 반드시 관복을 갖추어 입고 만남으로써 예를 다하여 공경하는 뜻을 보여야 한다든지, 훈장은 가벼운 죄가 있더라도 형을 다스리지 않아서 우대하고 특별히 대접하는 뜻을 보여야 한다는 것들이 지적되었다. 그들은 학생들이 훈장을 존경하고 믿으며, 두려워하고 공경함으로써 교육적 효과를 제대로 거둘 수 있다고 보았던 것이다. 훈장은 반드시 6년에 한 번 교체시키되, 포상과 벌칙을 겸행하여 상벌을 분명히 할 것도 주문하였다. 이러한 것들은 원론적인 수준에서 크게 벗어나지 않은 것으로 보인다.

교육의 대상자인 학생에 대한 규정에서 보이는 독특한 점은 군현 단위로 연령과 실력 수준을 고려하여 학생들을 3등급으로 나눈 사실이다. 즉 15세 이상 관례를 치르지 않은 자 중에서 현명하여 교육시킬 만한 자를 몽사蒙士, 관례를 올린 자로부터 50세에 이르는 자 중에서 과거에 응시할 수 있는 자를 수사秀士, 특히 학문에 뜻을 둔 행실이 바른 선비 중에서 뽑힌 자를 선사選士로 구분하였다. 따라서 학생들은 몽사→수사→선사의 순으로 승급하게 되는 셈이었다.

몽사는 『소학』→『대학』→『논어』→『맹자』와 『중용』의 순으로 독서하게 하였다. 선사와 수사는 사서오경을 근본으로 하되, 주돈이, 정호·정이, 장재, 주희 등의 저술과 『좌씨내외전』, 『자치통감강목』 등을 공부하게 하였는데, 대개 정자의 독서법을 모범으로 하였음을 알 수 있다.

선발 방안으로는 매월 그믐에 훈장이 서원이나 향교에서 학생들의 공부를 점검하는 시간을 가지고, 1·4·7·10월에는 수령이 주관하는 강의를 열게 하였다. 특히 관찰사가 도를 순시하는 봄가을에는 별도로 5·6곳을 정하여 해당 군현의 학생 전체를 대상으로 한 강의의 개최를 제안하였다. 이때 수사 중 뛰어난 자는 선사로 승급시키고, 선사 중 현명하고 능한 자는 조정에 천거케 하였다. 선사를 조정에 천거케 한 점은 과거제의 한계를 극복하기 위한 보완책으로 선사법의 시행을 강력히 주장한 바 있던 이현일의 주장과 비슷한 것이다.

하지만 그들은 기본적으로 과거제를 천거제보다 더 객관적인 인재 선발 방식으로 인식하였다. 천거제는 과거제의 단점을 보완하는 수준에서 거론되었을 뿐이다. 따라서 기존 과거제의 골격을 유지하되, 몇 가지 점을 보완하는 차원에서 자신들의 개혁안을 주장하였다. 그중 가장 독특한 것은 과거 응시자 수를 줄이기 위한 예비시험 실시였다. 1차 시험인 향시에 응할 수 있는 사람의 수를 제한하는 것인데, 매번 과거 때가 되면 지방관이 선비들을 제술로 시험하여 합격한 자에 한해 과거에 응시할 자격을 주자는 것이었다. 물론 주·부·군·현의 정액이 시험의 종류별로 차등 있게 설정 제시되었다. 이는 당시의 큰 폐단이었던 과거시험장의 번잡함과 문란함을 효과적으로 막기 위한 방안이었다.

그 외 시험 과목과 평가 기준에 대해서도 세부적인 방안을 제시한 바 있다. 문과 소과에서는 구례에 의거하여 시詩·부賦·제술製述을 시험치되, 시는 담백하고 맑으며 법도에 맞게 아담하면서 문장이 30운韻을 넘고, 부는 깊게 통하며 뜻이 심오하면서 문장이 50–60구절 이상이며, 제술은 상격常格에 구애받지 말고 같고 다름을 판별하여 천여 언 이상인 경우를 합격의 기준으로 제시하였다. 문과 대과에서는 별도로 사서오경 중 하나와 『경국대전』을 강하게 하고, 또 부賦와 책策 두 가지로써 시험을 치게 할 것을 제시하였다.

한편 그들은 무과에 대해서도 소홀히 할 바가 아니라고 하면서 주나라의 예와 같이 문과 무를 겸비케 할 것을 주장하였다. 재주와 지략이 문에 속하지 못하는 어정쩡한 자들이 붓을 내팽개치고 궁마에 종사하는 상황을 우려하였던 것이다. 그리하여 문에 종사하는 자에게 무를 가르침으로써 이 문제를 해결하려 하였다.

등용된 인재를 적재적소에 배치하여 그 효율성을 극대화하기 위한 방안도 제시되었다. 그들이 인재의 배치에 있어 근본적으로 중시한 것은 백성들의 삶에 대해 잘 아는 실무의 강조였다. 민간의 실무에 정통한 것은 수령만 한 이가 없다고 하며 그들의 역할을 강조하였다. 그러나 내직을 중히 여기고, 외직을 가볍게 여기는 풍조를 개선하기 위해 용인用人의 기본 구조를 외직을 중시하는 방향으로 바꾸어야 한다고 하였다. 처음으로 조정에 들어온 관리도 홍문관의 선발에 들려고만 하지 번거롭게 실무를 익히려 하지 않아서 외직에 임명되는 것을 좌천으로 여기고 백성을 가까이하는 것을 속된 관리의 일로 여기던 당시 관료들의 폐단을 지적하였다.

이러한 폐단의 시정을 위해서는 용인의 기본 구조를 내직을 중시하는 데서 외직을 중시하는 것으로 바꾸어야 하는 제도적 개혁이 필요하다고 하였다. 그들은 연소신진年少新進의 선비로 6품직에 의망할 때는 반드시 주현에 근무할 때의 실효를 시험하여 실적이 우수한 자를 청현직淸顯職에 임명하고, 삼공에 결원이 생기면 반드시 이 사람들을 후보에 들게 하여야 한다고 하였다. 그리하여 실무에 실적이 없는 자는 문벌과 지망이 있더라도 다시는 이 선발에 들지 못하게 하는 제도적 장치를 마련하여야 한다는 것이었다. 그러면 외직을 소홀히 여기지 못하는 풍조가 정착되고, 얼마 지나지 않아 모든 관직자들이 민간의 실정에 밝게 되어 백성들에게 진정한 이로움을 줄 수 있게 될 것으로 전망하였다. 그들의 이러한 안은, 관료의 등용 기준으로 문사文詞보다 세상의 실무를 강조한 바 있던 숙종 대 이현일의 주장과 일맥상통하는 것이었다.

이상에서 본 바와 같이 정씨 형제의 공거제 개혁안의 특징은

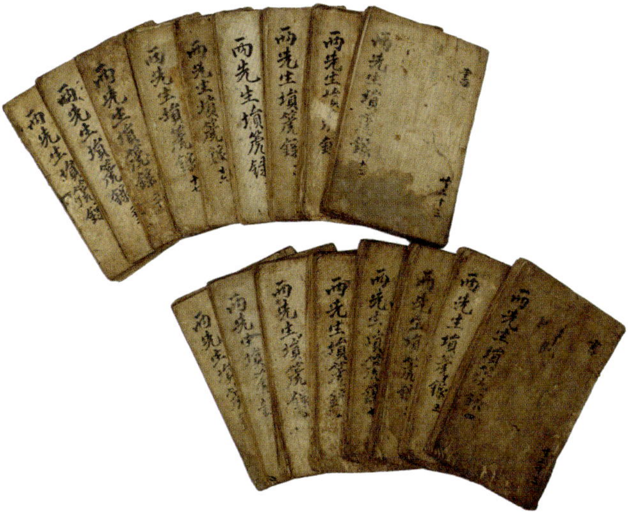

『양선생훈지록』(한국국학진흥원 제공)

몽사, 수사, 선사 등 수준별로 구분된 학생들의 순차적인 교육 방법, 과거 응시에 앞선 예비 시험의 실시로 과장의 문란 방지, 외직을 중시한 관료제의 운영 등으로 정리될 수 있다. 이 주장들은 삼대의 '교사지법教士之法'을 기본으로 하고 당시의 '시왕지제時王之制'를 참작한 것이었다. 그리고 스승인 이현일을 위시한 영남 남인들과도 교감한 것으로 보인다.

9) 정만양 형제의 국정 개혁론에 대한 서술은 우인수, 『조선후기 영남 남인 연구』(경인문화사, 2015, 111-153쪽); 「훈수 정만양의 토지제도 개혁론」(『퇴계학과 한국문화』 35, 경북대학교 퇴계연구소, 2004)에 의거하여 가감하였다.

제4장

종가의 건축물

종가의
건축물

1 옥간정

옥간정玉磵亭은 정만양이 학문을 연구하고 후학을 양성하기 위해 1716년(숙종 42)에 지은 정자이다. 원래 이 자리에는 1704년 41세 때 정재定齋라 명명한 두 칸 규모의 작은 초가집 한 채가 있었다. 1716년에 군수 신의집이 방문하였다가 정자가 너무 협소한 것을 안타깝게 여겨서 네 칸을 더 지을 목재를 보내 주어 확장하게 되었다. 이때 정자의 이름도 옥간정이라 하면서 제법 규모가 갖추어지게 되었다.

1730년 정만양이 세상을 떠나고 난 뒤 동생인 정규양이 상복을 입고 정자 상청에 있었는데, 정자를 지키는 사람의 실수로 불이 나서 정자의 일부가 불에 탔다. 1733년에 또 불이 나서 주춧

▲ 옥간정

▼ 옥간정 뒤편

돌만 남기고 모두 소실되고 말았다.

이를 안타깝게 여긴 문하 제자들이 수년에 걸쳐 목재와 기와를 모은 끝에 1757년에 마침내 옥간정을 중건하기에 이르렀다. 집 칸과 시렁은 옛 구조를 그대로 따랐고, 들보는 조금 더 굵게 하였다. 위에는 기와를 덮어 비바람에 날리지 않게 하였다. 앞쪽에는 작은 난간을 만들어 넘어져 추락하는 것을 방지케 하였다. 전보다는 기둥을 더 보태고 들보를 높게 한 것은 목수가 사치스럽게 한 것으로 옛날의 모습과는 차이가 있게 되었다.

이 정자는 횡계의 계곡 바닥에 지어졌는데 땅의 높낮이를 있는 그대로 이용하여 전면은 다락집, 뒤쪽은 아담한 단층집으로 꾸민 것이 특징이다. 좌협칸 뒷면으로 2칸 온돌방과 서재 1칸을 두어 전체적으로 'ㄱ' 자형의 평면을 이루고 있다. 자연 환경에 순응한 독특한 평면 구성과 창호 수법 등이 특징적인 건물이다. 정자 안에는 성재誠齋·정재定齋 등의 현판과 다양한 형식의 제영시가 걸려 있다. 현재 경상북도 유형문화재 제270호로 지정되어 있다.

옥간정은 횡계 9곡 중 제4곡에 해당하는데, 계곡이 굽어 돌다가 만든 영과담盈科潭 가에 세워졌다. 주변에 격진병隔塵屛·광풍대光風臺·지어대知魚臺·제월대霽月臺 등 이름만으로도 범상치 않은 여러 바위들이 계곡 물과 어우러져 있어 풍광이 매우 그럴듯하게 빼어나다. 주변은 복숭아나무, 버드나무, 소나무, 박달나무, 석류나무, 감나무, 대추나무, 배나무, 창포, 국화와 같은 많은 꽃과 나무로 둘러싸여 있다.

▲ 'ㄱ' 자형 평면의 옥간정

▼ 옥간정 아래 계곡

옥간정에서 바라보는 경치는 아침저녁으로 다르고, 계절별로 서로 달라 모두 10가지 풍광으로 정리할 수 있다. 이 10가지의 경치가 같지 않고 즐거움이 또한 무궁하니, 이 즐거움이 산 때문인가, 물 때문인가? 아니면 산도 아니고 물도 아닌데 스스로 그 즐거움을 즐기기 때문인가? 두 형제는 이렇게 좋은 곳을 사랑하여 정자를 짓고 그 즐거움을 더하였던 것이다.

봄: 양쪽 언덕에 복숭아꽃 활짝 피어 붉디붉고 희디희네.

여름: 녹음이 푸르기가 바다와 같은데, 꾀꼬리가 아래위로 오르내리네.

가을: 곳곳마다 물든 단풍 숲은 쌓아 놓은 비단에 수를 겹쳐 놓은 듯하네.

겨울: 계곡 시냇물 가의 차가운 소나무는 울창하게 푸름을 머금고 있네.

아침: 아침 해 늦으니 묵은 안개 걷히지 않고 있네.

낮: 찾는 나그네 드물 때면, 낚시를 하기도 하고 거문고를 가지고 뗏목을 타기도 한다네.

해 질 녘: 화산에 해 저무니 온 골짜기 어둑해지네.

밤: 앞 못에 달빛 내리니 금이 번쩍이는 듯하네.

비 올 때: 산에 한 차례 비가 내리니, 개울 물소리 화난 듯 우렁차네.

눈 올 때: 아름다운 옥빛 숲속은 영롱하여 가히 사랑할 만하네.

兩岸桃花盛開紅紅白白

綠陰如海黃鳥上下

處處楓林堆錦疊繡

磵邊寒松鬱鬱含翠

日晏宿霧未捲

客少人閒或把釣或攜琴上槎

花山落照晻靄

옥간정 항공촬영

月照前潭浮光躍金
山雨初過溪響吼怒
瓊林琪樹玲瓏可愛

『훈지집』 권3, 시, 「玉磵亭謾詠, 十景」

정만양은 산 좋고 물 좋은 곳에 아담한 정자를 짓고 앉았으니 거처하는 곳이 모두 산수간이라고 하며 매우 흡족해 하였다. 이를 오랫동안 기억하기 위해 형과 아우는 각각 한 수씩 사이좋게 아래와 같은 제영시를 남겼다.

[훈수塤叟]

본래 길게 세상을 떠나 피하는 것을 배우려는 것은 아니고,　本非長往學逃塵
우연히 맑은 시냇가에 터를 잡으니 마치 인연이 있는 듯하네.　偶卜清溪若有因
꽃과 나무들이 뜰에 있으면서 피고 지며,　花木一庭開落處
바람과 구름이 모든 골짜기에서 펴고 걷히는 때로다.　風雲萬壑卷舒辰
산중의 형형색색은 모두 내가 즐기는 일인데,　山中色色皆吾事
집 밖에서 유유자적하니 별천지 사람이라네.　齋外悠悠是別人
만년에 한가히 여기에 왔지만 부족함이 없으니,　閒捧晚來無不足
이제 형제 둘 나란히 누워 남은 봄을 보내리라.　直須雙臥送餘春

[지수篪叟]

한 줄기 물이 맑고 깊어 티끌을 허락하지 않으니,　一帶澄泓不許塵
소연한 띳집을 석대 위에 지었네.　瀟然茆屋石臺因
꽃이 피고 잎이 떨어짐은 산중의 책력이고,　開花落葉山中曆
밝은 달과 성긴 바람은 술 취한 뒤 경치라네.　皓月疎風醉後辰
아무 일 없을 때 거문고를 타니 속세의 운치가 아니고,　無事彈琴非俗韻
때때로 낚시질하니 어부와 비슷하네.　有時垂釣似漁人
가시나무 그늘 좋은 곳에 소나무 문을 닫고서,　荊陰好處松門掩
함께 시서를 읽으며 늦은 봄을 보내네.　共把詩書送晚春

『훈지집』 권3, 시, 「玉磵亭謾詠」

종가의
건축물

2 모고헌과 횡계서당

1701년 정규양이 횡계로 이주하면서 홍류담紅流潭 위에 정자를 짓고 태고와太古窩라 하였다. 태고와는 횡계구곡의 제3곡에 해당되는 곳이다. 이름을 태고라고 한 것은 옛 사람의 질박함을 따르고자 함이었다. 몸은 오늘날 사람이되 마음은 태고의 사람을 본받으려 하고, 말과 모습도 어눌하고 헙수룩한 것이 태고 사람과 같이 꾸밈없이 질박하고자 했기 때문이다. 정규양은 「태고와기太古窩記」에서 명명의 이유를 다음과 같이 남겼다.

> 움집을 태고로 일컬은 것은 어째서인가? 뜻이 보잘것없기 때문이다. 움집의 주인은 누구인가? 지금 세상 사람이다. 마음이 태고이니 빨로 건을

모고헌

태고와 현판

만들고, 가죽으로 띠를 만들고, 성긴 베로 옷을 만드니 이 의복이 모두 태고이다. 그 말씨는 어눌하고 그 모습은 좋지 않아 어둔하고 졸렬하여 시속을 따라서 낮추었다 높였다 하지 못하니 말씨와 모습이 또한 태고이다. 날로 반드시 단정히 앉아서 침잠하여 지금 사람들이 음미하지 못하는 것을 음미하니 무회씨의 백성인가? 갈천씨의 백성인가? 이로써 이름하였다.

『훈지집』 권23, 기, 「태고와기」

형제는 혹 안개비 속에서 도롱이를 입고 다니거나, 혹 달밤에 거문고를 휴대하고 오르락내리락 작은 배 뱃전을 두드리며, 관동冠童 몇 명으로 하여금 굴원屈原의 「어부사漁父詞」와 소식蘇軾의 「적벽부赤壁賦」를 읊게 하곤 하였다. 정만양과 정규양 형제는 어느 가을에 다음과 같은 시를 각각 지으면서 즐겼다.

평지의 풍파는 몰입을 쉽게 하니,	平地風波易沒頭
세상 어디에 더 나은 유람처 있을꼬.	世間何處得優游
홍류담 위는 맑은 거울 같은데,	紅流潭上明如鏡
산 위의 달과 숲 바람이 배 하나에 가득하네.	山月林風滿一舟

『훈지집』 권1, 시, 「新造小艇詩以落之 二首」

강에 비친 밝은 달 신선의 흥이 솟아나네,	一江明月蘇仙興
양쪽 언덕에 이는 가을바람 주자의 시인 듯.	兩岸秋聲晦老詩
낚싯대 드리우니 어찌 어부의 즐거움 아니리,	垂釣豈爲漁父樂
거문고 소리를 속인들은 알지 못하리라.	彈琴莫許俗人知

『훈지집』 권1, 시, 「八月小艇始成…以謝諸君」

모고헌

그 뒤 1730년에 문인들이 개축하였는데, 이 과정에서 옛 모습을 상당히 잃어버렸다. 이에 문인들은 태고의 본색이 아니라고 하면서 건물의 이름도 모고헌慕古軒으로 바꾸었다. 현재의 모고헌은 정면 3칸, 측면 3칸의 2층 누각형 팔작지붕의 기와집이다. 가운데 한 칸짜리 온돌방을 설치하고, 온돌방의 주위 4면에 폭 1m 정도 마루가 빙 둘러져 있는 특이한 평면구조를 하고 있다. 집의 삼면은 판벽으로 막고 계곡 쪽의 전면만 틘 독특한 구조인데, 전면 마루는 반 칸 정도 더 넓게 하여 계곡을 감상할 수 있는 공간을 확보하고 있다. 모고헌은 경상북도 유형문화재 제271호로 지정되었다.

모고헌 내부

횡계서당

모고헌 뒤쪽에 있는 횡계서당은 원래 1716년에 제자들이 몰려들어 공부할 곳이 마땅치 않자 터를 넓혀 지은 진수재進修齋가 있던 곳이다. 정만양이 세상을 떠난 뒤인 1738년 영천의 선비들이 이곳에 모여 정만양 형제를 모시는 사우로 변환하고자 하였으나 나라에서 사우 건립을 억제하고 있던 때라서 뜻을 이루지 못하였다.

그리하여 1760년부터는 부득이 향사를 진수재에서 모시도록 하였다. 그 후 고종 대에 전국적인 서원 훼철령으로 인해 그마저도 여의치 않게 되었다. 1923년에 후손들에 의해 횡계서당으로

▲ 모고헌 향나무

▼ 모고헌과 횡계서당 항공촬영

복원되어 오늘에 이르고 있다. 건물 안에는 사교당四敎堂이란 현판이 걸려 있다. 정만양이 임종에 앞서 자손들에게 유훈으로 내려 경계로 삼게 한 '충효공검忠孝恭儉' 네 글자의 가르침을 잊지 않으려는 마음을 담고 있다.

3 양계정사와 청호서원

양계정사暘溪精舍는 정세아의 손자이자 정안번의 아들인 양계暘溪 정호인이 소요하던 자리에 후손들이 건립한 정사이다. 영천 대전리의 구룡산 동쪽 기슭 언덕 위에 있다. 정호인은 정만양의 증조로 문과에 급제하여 벼슬이 진주목사에 이른 인물이다.

그는 양산군수로 재직하다가 경차관의 무고로 벼슬을 사직하고 한때 고향에서 한가롭게 지낸 적이 있었다. 그때 이 터에 자리를 잡고 몇 칸의 초가를 얽어 노닐며 완상하였다. 보현산의 한 줄기가 남쪽을 향해 구불구불 달리다가 구룡산을 만들었는데, 그 산자락에 볕이 드는 언덕이 고현천과 어울려 있었다. 이에 '양계'를 자신의 호로 삼았다. 소나무가 숲을 이루고 있어 바람 소

양계정사 원경

양계정사 현판

양계정사

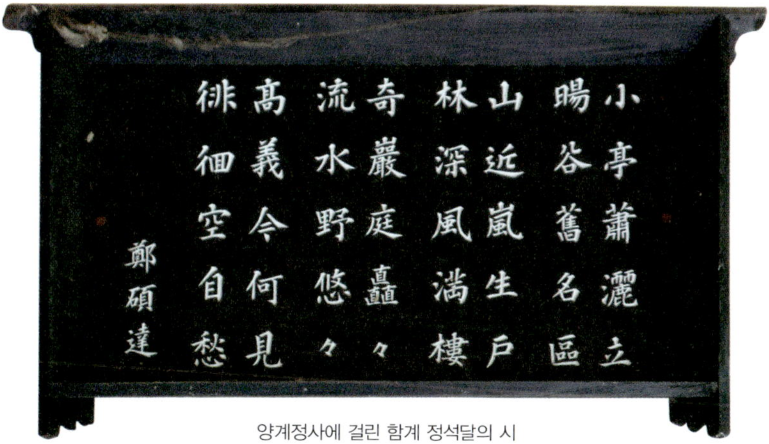

양계정사에 걸린 함계 정석달의 시

리에 거문고를 연주하면 백구白鷗가 화답할 정도였고, 기암괴석이 쭉 서 있는 곳을 고현천이 휘감아 도니 가히 세속의 먼지를 씻을 수 있는 곳이었다.

정호인이 세상을 떠난 뒤 그를 추모하는 후손들이 터를 잡고 집을 지었다. 앞에는 주방, 가운데는 서재와 침실, 끝에는 강당을 둔 11칸의 건물로, 호화롭지도 검소하지도 않은 적당한 수준이었다. 건물 모양은 '乙' 자형을 띠고 있는 특이한 구조와 양식이다. 그 뒤 1814년에 중건하였고, 1990년에 경상북도 민속자료 제88호로 지정되면서 다시 중수하였다.

함계 정석달이 지은 제영시에 풍광이 잘 묘사되어 있다.

작은 정자 말끔하게 서 있으니,	小亭蕭灑立
양곡은 예부터 이름난 곳이었네.	暘谷舊名區
산 가까이 아지랑이 민가에서 생겨나고,	山近嵐生户
깊은 숲속에 바람이 누에 가득하구나.	林深風滿樓
뜰엔 기이한 바위 가득하고,	奇巖庭矗矗
들엔 유유히 강물 흐르네.	流水野悠悠
높은 뜻은 이제 어디서 찾을 수 있으랴,	高義今何見
부질없이 서성이니 공연한 근심만 이네.	徘徊空自愁

청호서원靑湖書院은 1694년(숙종 20)에 지방 유림의 공의로 모당慕堂 손처눌孫處訥의 학문과 덕행을 추모하기 위해 창건한 서원이다. 현 대구광역시 수성구 황금동에 위치해 있다. 1755년(영조

▲ 청호서원

▼ 청호서원 상인사

양계 정호인 위패

31) 류시번柳時藩에 이어 1764년(영조 40)에 정호인이 추가 배향되었다. 그 뒤 1868년(고종 5)에 고종의 서원 철폐령으로 훼철되었다가 1972년에 복원되었다. 현재 사당인 상인사尙仁祠에는 손처눌을 주벽主壁으로 하여 좌우에 류시번과 정호인의 위패가 봉안되어 있다. 서원의 강당인 4칸의 부교당敷教堂, 유생들이 기거하면서 공부하는 곳인 5칸의 산택재山澤齋와 풍뢰헌風雷軒이 배치되어 있다.

제5장

종가의 제사와 종손·종부의 삶

종가의 제사와
종손·종부의 삶

1 종가의 제사

경제적으로 형편이 좋고 문중 사람들이 잘 협조해 주는 상황이면 종손의 힘이 덜 들지만 물려받은 종가 재산이 적을 때는 종가를 꾸려 나가기가 정말 어렵다. 걱정이 끊이지 않는 가운데 걱정 속에서 살아야 하기 때문이다. '경상도 불천위 종손은 고을 원님보다 낫다.'라고 할 정도로 위세 당당한 시절도 있었다지만 달라진 세태 속에서 이는 이미 옛말이 되었다. 이런 사정들을 알기에 대부분 일족들은 종손에게 깊은 정을 가지고 따뜻하게 대한다.[10)]

해방 후 1946년 대구 10월 사건을 거치며 횡계리의 종택과 사당이 소실되는 등 큰 화를 당하였다. 당시 영천에서는 대구 다음으로 대대적이고 폭력적인 봉기가 발생하였다. 영천에서만 군수를 비롯한 수십여 명이 목숨을 잃었고, 1,000여 채가 넘는 가옥이 불에 타 파괴되었다고 한다.

9대 종손은 살아남기 위해 터전을 버리고 대전리로 옮겨 갔다. 그 시절 농촌 살림은 거의 다 곤궁함을 면치 못하고 있었다. 그런 가운데 종손은 빚을 내서라도 종가의 일을 해 나가야 하였다. 해마다 논밭을 팔아도 채무에 허덕일 때가 많았다. 여느 종가나 그러했지만 일 년에 열다섯 번의 크고 작은 제사가 있었고, 묘사도 서른 위수가 넘었다. 불천위 큰 제사도 일 년에 세 번 봉행하였다. 그때마다 돈으로 고민해야 했고, 일로 눈코 뜰 새 없이 바빴다.

제삿날 들기 전에 기왓장 가루를 곱게 빻고, 물 묻은 짚수세미에 가루를 묻혀 놋쇠 제기를 박박 문질러 반들반들하게 윤기가 돌게 닦아 놓았다. 소달구지 한가득 싣고 들어온 제수는 모두 종부가 직접 장만해야 했다. 옛날에는 고지기와 하인들이 있었다지만 이제는 종부가 팔을 걷어붙여야 집안이 조용하게 돌아갔다. 종부는 의성 사촌리가 고향으로, 풍산류씨 겸암 류운룡의 후손이었다.

불천위 큰 제삿날에는 참석하는 제관도 꽤 많았다. 직계 자손이 아닌 사람들도 많이 참석하여 50명 정도 되었다. 두세 방 안에 발 디딜 틈이 없을 정도였다.

우선 준비하는 떡 종류도 한두 가지가 아니었다. 백미 서너 말, 찹쌀 한 말을 물에 담가 불려 창고 뒤에 있는 디딜방아에 찧

대전리 구종택

9대 종손 내외

고, 채로 쳐서 고운 가루를 내어 모두 집에서 쪄 냈다. 노란 콩, 파란 콩을 찌고 볶아 고물을 장만한 후 본편, 흰색 절편, 쑥색 절편, 인절미, 부편, 조악, 단자, 쑥꾸리, 경단을 차례대로 올린 후 맨 위에는 찹쌀로 구운 전을 접어 올려 어린아이 키만큼 세 편대에 괴었다.

포는 문어포를 쓰는 것을 원칙으로 하였으며 더러 명태포나 오징어포를 쓰기도 하였다. 어육으로는 조기, 방어, 문어, 상어 돔배기, 가자미, 쇠고기, 돼지고기, 닭고기 등을 고루 익혀서 갖추었는데, 특히 돔배기는 가장 중시되는 것이었다. 과일은 대추, 밤, 감, 배, 사과, 수박, 참외, 밀감 등으로 육품이나 팔품으로 마련하였다. 전으로는 육전, 어전, 채전 등을 갖가지로 지져 내었다. 부친 전은 대여섯 소쿠리가 되었다.

소채로는 고사리, 도라지, 무, 콩나물, 푸른나물 등을 다듬고 장만했다. 탕은 어탕, 육탕, 채탕으로 오탕을 마련했으며, 두부·계란·국수·김 등을 고루 갖추었다. 편청이라 하여 꿀도 준비했다. 제수의 풍성함은 곧 정성의 표시였다.

새벽 1시경에 진설하고 혼백을 모셔 제사를 지냈다. 초헌은 당연히 종손의 몫이고, 아헌의 경우는 종부가 하였는데, 4배를 올렸다. 종헌은 그때그때 참석한 제관 중에서 어른 한 분이 하였다. 철상하고 음복까지 마치면 새벽 3시경이 되었다. 대개 음복상 받을 때 닭이 울면 시간 딱 잘 맞추었다고 자부하였다. 잠시 눈을 붙이는 둥 마는 둥 하고 정신을 차려 제사 지낸 갖은 음식을 골고루 담아 동네 일족이나 마을 사람들의 집집마다 날랐다. 양계정사 고지기가 새벽에 내려와 이 일을 담당한 때도 있었다. 100여 호가 넘는 가가호호마다 보낼 제사 음식을 골고루 싸는 일도 보통 일은 아니었다. 음식이 귀한 시절이라 주는 마음과 받는 마음이 훈훈하기만 하지만, 행여 제사를 소홀히 지냈다는 소리라도 들을까 봐 조바심도 났다.

설·추석 명절에는 불천위를 포함하여 5대봉사이기 때문에 제상 다섯 상을 한꺼번에 차려야 하였다. 제상 하나당 제기 그릇이 최소 스무 개 이상이니, 모두 합치면 백 개가 훨씬 넘는 제기가 필요하였다. 제사를 마친 뒤의 설거지와 제기를 닦아 보관하던 일도 쉬운 것이 아니었다.

거기다가 묘제도 만만찮았다. 조상이 잠들어 계신 산소가 울산 덕하, 원당, 하절, 영천 늘밭, 직당, 횡계리 앞 뒷산, 숙가마골, 서당골, 까치봉 등에 흩어져 있었다. 양력 3월 첫째 일요일, 둘째 일요일, 셋째 일요일 등 세 번에 걸쳐 묘제를 지내러 다녔다. 또한 따로 음력 시월에 지내는 묘제가 몇 군데 있었다. 산은 높은데 숲이 우거져 길조차 없어진 묘지를 찾아 올라가는 일도 버겁기만 하다. 지차는 혹 바쁜 일로 참석하지 못하여도 양해가 되지만, 종손은 반드시 참석해야 하였다.

1977년 9대 종손이 세상을 떠났다. 9대 종손은 7대 독자로 내려오던 손이 귀한 종가에 양자로서 대를 이었다. 소위 '봉제사 접빈객'에 충실하였던 전형적인 전통 종손으로서의 삶을 살았다.

이런 저런 인연으로 참석해야 하는 길흉사도 한 달에 반이 넘을 정도였다. 참석 때마다 일정액을 부조하여야 하였으니 가난한 집 형편에 감당하기 쉽지 않은 일이었다.

임종 시 아들에게 두 가지를 유언하였다고 한다. 하나는 "남한테 묻지 말고, 네가 연구해라. 자료 찾으면 집에 다 있다."라는 것이었다. 아마 상제례와 관련하여 궁금한 것이 있으면 바로 남에게 묻지 말고, 집에 있는 자료를 통해 스스로 연구하고 공부해서 터득하라는 뜻일 것이다. 이는 평소 보고 배운 것이 있는데다가 스스로 깨쳐서 터득할 정도의 학력을 가진 아들에 대한 믿음에서 나온 말씀이라 생각된다. 현 종손은 아버지의 말씀대로 여러 해 걸려 스스로 터득한 것이 많고, 지금도 연구하는 중이라고 한다.

다른 하나는 사당을 복원하라는 것이었다. 이 말씀은 아직 지키지 못하고 있다. 사당 복원 자체는 사실 큰 문제가 아닌데, 복원 이후가 문제다. 복원해 놓고 계속 유지할 수 있겠는가에 대한 확신이 서지 않기 때문이라고 한다. 계속 유지할 수 없을 것이라면 차라리 복원하지 않는 편이 옳은 것이 아닌가를 고민하고 있는 것이다. 현 종손에게 남겨진 숙제이다.

▲ 13대조 양계 정호인의 묘제. 2020년 코로나19 창궐로 인해 제관들이 마스크를 착용하고 있다.

▼ 묘제에서 헌작하는 종손

종가의 제사와
종손·종부의 삶

2 변하는 것과 지키는 것

10대 종손 정극鄭克(족보명 윤극潤克)은 1965년 영남대학교 화공과 졸업을 앞두고 경희대학교 국문과를 졸업한 한 살 연상의 풍산류씨 류진교柳陳嬌와 혼인하였다. 종부는 안동 사람이다. 집안의 소개로 인연을 맺게 되었는데, 외가 쪽으로 따지면 12촌이었다.

신혼 초 어느 날 처가에 들린 훤칠한 사위를 흡족한 얼굴로 바라보던 장모가 농담처럼 물었다. "자네는 호박 같은 내 딸이 뭐가 그렇게 좋은가?" 사위가 능청스럽게 대답하였다.

> 장모요, 호박이 얼마나 좋은지 들어 보세요. 호박잎은 쪄서 쌈 싸먹지요. 호박 꼬투리는 된장찌개에 넣지요. 애호박은 전을 부치거나 볶아 먹지

요. 늙은 호박은 국 끓여 먹고 호박범벅도 해 먹지요. 마른 잎과 줄기는 불 때서 방 덥히지요. 그 재는 비료로 쓰지요. 호박이야말로 버릴 게 하나도 없습니다.

류진교, 『흔수 종부 류진교 회고록, 뚝심으로 피워 올린 꽃』, 296쪽

"됐네. 됐네. 고맙네." 종부의 친정어머니 얼굴이 박꽃처럼 환하게 피어났다.

9대 종손이 세상을 떠난 뒤 그동안 영천에서 지내던 제사 일체를 10대 종손·종부가 사는 대구로 모셔 오게 되었다. 영천에서 제사를 모실 때와는 또 다른 상황이 되었다. 중풍으로 몸져누운 노종부도 함께 모셔 왔다. 노종부는 17년간 자리보전하다가 1994년 세상을 떠났다.

종손과 종부는 모두 직장생활을 하고 있었다. 종손은 울산과학대학의 교수로 재직하고 있었다. 59세 나이에 대구가톨릭대학교에서 박사학위를 취득하는 집념을 보이기도 하였다. 종부는 초등학교 교사로 재직하고 있었다. 시어머니의 병수발을 오래 한 종부는 상대를 편하게 해 주고 다른 사람과도 두루 잘 지내는 등 아량이 넓고 활달한 편이었다.

자가용도 없던 시절 종부는 퇴근길에 제수를 사서 머리에 이고 날라야 했다. 그것도 장을 한꺼번에 다 볼 수가 없어 하루는 채소, 다음 날은 과일, 그다음 날은 생선, 이런 식으로 나누어서 준비해야 했다. 살고 있는 집에서 시장까지는 먼 거리가 아니었지만 물건을 이고 들고 나르기는 벅찬 일이었다. 일할 수 있는 시

10대 종손 내외

10대 종손 정윤극

10대 종손 박사학위 취득

간도 밤 시간뿐이었다. 잠시 앉을 여가도 없이 일해도 제대로 등 붙여 잘 시간 내기가 어려웠다. 보다 못한 노종부는 "나나 너는 죄가 많아 일 많은 종부로 왔으니 죗값을 해야 한다."라고 위로 아닌 위로를 건네며 안쓰러워하였다.

제사 모시는 시간도 문제였다. 보통 밤 12시에서 1시 사이에 제사를 지내면 철상하고 음복까지 하고 나면 두세 시가 되었다. 잠시 눈 붙이고 새벽 6시경에 가는 제관들에게 요깃거리 챙기고 제사 음식 싸 주고 나면 학교 출근하기가 빠듯하였다. 모자라는 잠 때문에 학교에 출근하여서도 쏟아지는 졸음을 참기가 어려웠다. 운동장 조회 시간에 졸다가 넘어진 것은 그렇다 하더라도 학생 가르치는 교실에 들어가서도 졸음을 이기지 못하였으니, 이는 교사로서 도저히 할 짓이 아니었다.

누대로 내려오는 가풍을 고치기 어려워하던 종손이 마침내 결단을 내렸다. 간단하게 주과포를 장만하여 조상께 제사 시간을 바꾸는 것을 아뢰는 고유제를 지냈다.

> 조상님께서 행해 오시던 법도와 가풍으로 이 시대를 살아가자니 너무 힘들고 벅찹니다. 지금 10대 종부가 생계를 위해 직업 전선에서 고전분투하오니 제사 시간을 초저녁으로 앞당겨 지낼 것입니다. 모든 것을 용서하시기 바라옵니다.
>
> 류진교, 『훈수 종부 류진교 회고록, 뚝심으로 피워 올린 꽃』, 178쪽

고치면 되느니 안 되느니 하는 집안의 논란을 훌쩍 뛰어넘어 종손은 이를 과감하게 실행하였다. 1984년의 일이었다. 또한 종손은 40대에 얻은 퇴행성관절염으로 인해 묘제를 지내기 위해 산에 오르기가 여간 어려운 일이 아니었다. 소슬한 가을바람이 부는 어느 해 산 중턱쯤에서 빠져 버린 무릎 뼈를 주물러 맞추면서 종손은 눈물을 쏟았다. 그런 후 "몸이 이리 되어 도저히 올라갈 수 없어서 여기 산 아래에 차려 놓았으니 응감하시기 바랍니다." 라고 조상께 아뢰었다.

얼마 뒤 종손은 다시 한 번 더 힘든 결정을 내렸다. 4대 봉사를 2대 봉사로 줄이고, 이에 더하여 고비위 제사를 합설하는 조처를 하였다. 떡도 방앗간에 맡기고, 제수도 줄일 수 있는 대로 줄였다. 종부도 오래전부터 마음속으로만 생각해 오던 것이었다.

농경사회에 맞추어 만들어진 제사 문화를 산업사회의 현실에 맞게 고친 것이다. 변화를 받아들인 개혁이었다. 그냥 두어 단절되는 것을 방치하기보다는 시속에 맞게 고쳐 지속 가능하게 만드는 것이 더 현명한 처사라고 판단하였기 때문이다.

제사 지내고 난 술과 음식은 버리지 않는 것을 철칙으로 알았다. 참석한 제관이 많고 이웃에 나누어 주던 시절이야 문제 될 것이 없었지만 그렇지 않은 지금은 지키기가 힘들다. 음식은 적게 한다고 해도 남는 경우가 많고, 술도 마실 사람이 없으면 종손이 다 마셔야 한다. 술을 즐기는 편이기는 하지만 취해서 힘들 때도 있다.

종손이 평소 스스로를 신칙하는 말이 있다. 첫째, 가능하다고 생각해야 가능하다. 둘째, 변해야 이룰 수 있다. 셋째, 노력해야 얻을 수 있다. 윗대로부터 내려오던 것에 더하여 본인의 인생 경험을 통해 얻은 신조라고 하겠다.

종손은 울산과학대학 교수로 재직하다가 2007년에 정년퇴임하였다. 그동안 고향을 지키지 못한 죄스러움에 늦게나마 고향에 돌아와 자신의 삶을 개척하느라 모든 일에 열과 성을 다하고 있다. 영일정씨 영천화수회 회장도 지냈고, 지역사회활동에도 적극적으로 참여하고 있다. 경북 지역 종손들의 모임인 영종회에도 창립때부터 참석하고 있다. 평상시에는 영천 향교에 나가서 한시 강의를 듣고, 임고서원에 가서는 경전 강의를 들으면서 지내고 있다.

수필가로 등단한 종부 류진교는 옛 선조들의 얼을 되새기면서 집필에 전념하였다. 대구여성문인협회와 울산아동문학회 회장을 역임하였으며, 한국문인협회와 여성박약회·담수회 그리고 종부들의 모임인 경부회 회원으로 활동하였다. 동화집으로 『보물접시』와 『엄마 전 괜찮아요』, 콩트집으로 『쓴맛 단맛』을 출간하였다. 그리고 종부로서의 삶을 회고한 『뚝심으로 피워 올린 꽃』을 저술하였다.

차종손 정규철은 연세대학교 법학과를 졸업하고 미국에서 국제변호사 자격증을 취득한 후 현재 서울에서 활동하고 있다. 얼마 전부터 영종회 산하 단체로 차종손들의 모임인 영맥회에도 출입하고 있다. 차종부는 교사로 재직하고 있다.

종손은 차종손이 영천에 내려와 살기가 쉽지 않을 것임을 알고 있다. 다만 제삿날을 지키면서 간소하게나마 제상을 차릴 것을 주문하고 또 바라고 있을 뿐이다. 그리고 형식도 중요하지만 정신이 더욱 중요한 것이라면서 훈수 선조가 유훈으로 남긴 네 글자 '충효공검'을 현대적인 의미로 새기며 살 것을 당부하고 있다. 아울러 종손은 힘들고 어렵겠지만 남의 모범이 되는 삶을 살아야 한다는 말을 덧붙였다.

2011년 5월 종손과 종부는 옥간정과 모고헌의 건너편 옛 종택 빈터에 2층짜리 양옥으로 종택을 건립하고 '지원당志元堂'이라 이름 지었다.

후손들은 어디에 가서 살더라도 부디 인간의 도리는 반듯하게 행하기를

훈수종택 지원당

지원당 현판

바라면서 이제 이곳을 뜻 지志, 으뜸 원元을 써서 지원당이라 칭한다. 지원당은 세세년년 보살필 후손들로 창성하리라 믿는다. 횡계서당과 옥간정도 조상의 유훈인 충효공검忠孝恭儉이라는 네 가지 가르침[사교당四敎堂]이 배인 곳이니 마음 깊이 새겨 순리대로 살아가기 바란다.

류진교, 『훈수 종부 류진교 회고록, 뚝심으로 피워 올린 꽃』, 367쪽

가난한 종가에 시집와서 봉제사 접빈객에 '호박 같은' 삶을 산 종부는 몇 년 전 세상을 떠났고, 풍채 좋은 팔순의 종손이 홀로 종택을 굳건히 지키고 있다. 지난여름 인터뷰를 위해 방문하였을 때 종택 앞마당에는 큼지막한 호박꽃이 환하게 피어 있었다.

10) 이하 종가의 제사와 종손·종부의 삶에 대한 서술은 종부가 쓴 다음의 저술을 참고하여 가감하고 재구성하였다. 류진교, 『훈수 종부 류진교 회고록, 뚝심으로 피워 올린 꽃』, 책마을, 2011.

참고문헌

국립국악원, 『한국의 악기(2)』, 돌베개, 2016.

김문기·강정서, 『경북의 구곡문화』, 경북대학교 퇴계연구소, 2008.

류진교, 『훈수 종부 류진교 회고록, 뚝심으로 피워 올린 꽃』, 책마을, 2011.

우인수, 『임란의병의 힘, 영천 호수 정세아 종가』, 예문서원, 2013.

우인수, 『조선후기 영남 남인연구』, 경인문화사, 2015.

강구율, 「훈·지수 정만양·규양 형제의 시세계의 일단」, 『동방한문학』 28, 동방한문학회, 2005.

김명자, 「18-19세기 영천 정세아 후손들의 청시請諡와 문중 활동」, 『영남학』 18, 경북대학교 영남문화연구원, 2010.

박영호, 「훈수 정만양과 지수 정규양의 삶과 학문활동」, 『동방한문학』 28, 동방한문학회, 2005.

우인수, 「18세기초 정만양·규양 형제의 개혁론」, 『이수건교수 정년기념 한국중세사논총』, 2000.

우인수, 「훈수 정만양의 토지제도 개혁론」, 『퇴계학과 한국문화』 35, 경북대학교 퇴계연구소, 2004.

우인수, 「훈·지수 정만양·규양 형제의 시대와 그들의 현실대응」, 『동방한문학』 28, 동방한문학회, 2005.

우인수, 「영천의 '사난四難' 창의와 포은정신 -임고서원의 포은 숭모와 관련하여-」, 『포은학연구』 20, 포은학회, 2017.

최영성, 「정만양·규양 형제의 학문과 사상 -훈지사상의 형성 및 기호학파와의 학문적 교류를 중심으로-」, 『동방한문학』 28, 동방한문학회, 2005.

지은이

우인수禹仁秀

대구 출신으로 경북대학교 사범대학 역사교육과를 졸업하고, 경북대학교 대학원 사학과에서 석사학위와 박사학위를 취득하였다. 현재 경북대학교 사범대학 역사교육과 교수로 재직하고 있다. 조선 후기 정치사와 생활사 그리고 지방사에 관심을 가지고 있다. 『조선후기 산림세력연구』, 『조선시대 울산지역사 연구』, 『임란의병의 힘, 호수 정세아 종가』, 『조선후기 영남 남인연구』 등의 저서와 수십 편의 논문이 있다.

경북의 종가문화 63

질나발과
젓대의 이중주,

영천 훈수 정만양 종가

찍은 날 2021년 3월 29일
펴낸 날 2021년 4월 2일

기획 경상북도 · 경북대학교 영남문화연구원
지은이 우인수
펴낸이 홍원화
펴낸 곳 경북대학교출판부
출판등록 1973년 10월 10일 ㉣97호
주소 대구광역시 북구 대학로 80
전화 053-950-3830
팩스 053-953-4692
이메일 press@knu.ac.kr
홈페이지 http://knupress.com

ISBN 978-89-7180-560-2 94900
978-89-7180-558-9 (세트)

정가는 뒤표지에 있습니다. 파본은 바꾸어 드립니다.